I0757070

La dépendance affective

Sylvie FRANCIN

La dépendance affective

5 étapes pour s'en libérer

Copyright © 2022 – Édition Orioniss

Tous les droits sont réservés. Aucune partie de cette publication ne peut être reproduite, distribuée ou transmise sous quelque forme ou par quelque moyen que ce soit, y compris la photocopie, l'enregistrement ou d'autres méthodes électroniques ou mécaniques, sans l'autorisation écrite préalable de l'éditeur, sauf dans le cas de brèves citations incorporées dans les critiques et certaines autres utilisations non commerciales autorisées par la loi sur le droit d'auteur. Toute référence à des événements historiques, à des personnes réelles ou à des lieux réels peut être réelle ou utilisée fictivement pour respecter l'anonymat. Les noms, les personnages et les lieux peuvent être le produit de l'imagination de l'auteur.

Imprimé par Amazon.

INTRODUCTION

Il est clair que les relations avec les autres sont importantes pour notre survie. Sans un autre être humain, notre vie n'aurait aucun sens. Adam, même s'il avait une relation avec Dieu, avait besoin d'un autre être humain dans sa vie. Comme Dieu le dit dans la Genèse, "il n'est pas bon que l'homme soit seul".

Notre vie est toujours en lien avec un autre être, sinon nous cesserions d'exister. Il est en effet dans la nature humaine de rechercher l'amour et la compagnie des autres. L'isolement peut être extrêmement préjudiciable à l'état mental d'une personne. C'est pourquoi le fait de choisir de se retirer des relations peut parfois être ressenti comme une punition auto-infligée. Nous sommes façonnés par nos relations avec les autres dès notre naissance. Si nous n'avions pas quelqu'un pour s'occuper de nous, nous ne serions pas parvenus à passer le cap de la petite enfance. Les interactions avec d'autres personnes nous permettent de mieux comprendre le monde qui nous entoure. Ce sont ces relations qui nous aident à grandir et à mûrir en tant qu'individus. Sans elles, la vie serait incroyablement ennuyeuse et dénuée de sens. C'est pourquoi il est important de prendre le temps de considérer le rôle que les autres jouent dans nos vies. Les personnes dont nous nous entourons ont un impact énorme sur ce que nous devenons en tant qu'individus. Si nous négligeons cet aspect de notre vie, nous ratons une merveilleuse occasion de nous rapprocher des autres et de créer des liens durables. Ce n'est que par l'appréciation des autres que la vie s'épanouit véritablement.

Aider les autres est important car cela nous permet d'utiliser nos compétences et nos talents pour le bien de tous. Lorsque nous travaillons ensemble à la réalisation d'un objectif commun, non seulement nous rendons le monde meilleur, mais nous formons également des liens solides les uns avec les autres. Nous sommes responsables du bien-être des autres et, en vieillissant, nous réalisons que personne ne peut traverser la vie seul. L'importance que nous accordons aux autres se reflète dans l'importance qu'ils nous accordent. Chacun façonne notre vie et nous sommes responsables les uns des autres. Les autres sont importants parce qu'ils offrent une perspective, une motivation et une orientation. Lorsqu'une personne prend le temps de s'engager dans des activités désintéressées, elle réalise ce qui est vraiment important. Nos relations avec les autres sont un puissant stimulant pour ce que nous faisons et la façon dont nous vivons notre vie.

Les actions que nous entreprenons tout au long de notre vie sont constamment influencées et motivées par les autres. Que nous en soyons conscients ou non, nos amis et les membres de notre famille se servent souvent de nous comme d'une caisse de résonance pour les aider à prendre des décisions importantes. De plus, notre comportement peut avoir un impact significatif sur la vie de ceux qui nous entourent. Une chose aussi simple que d'être présent pour quelqu'un pendant un moment difficile peut signifier beaucoup pour lui. Il est important de se rappeler que nous influençons constamment les personnes qui font partie de notre vie, que ce soit directement ou indirectement. Il est donc crucial de veiller à ne pas blesser ou nuire involontairement à quelqu'un par nos paroles ou nos actes.

Cependant, lorsque cette dépendance aux autres nous aliène et nous empêche de savoir qui nous sommes, elle devient nuisible et destructrice non seulement pour nous, mais aussi pour les autres. Cette dépendance se transforme en addiction qui se manifeste notamment par des difficultés relationnelles, à savoir un besoin constant de l'autre pour être soi-même, une difficulté à se séparer, des relations toxiques à répétition, un besoin de réassurance. C'est le début de la dépendance affective.

Nous devenons émotionnellement dépendants des autres lorsque nous ne pouvons plus assumer la responsabilité de nos propres émotions. Cela peut être dû au fait que nous nous sentons submergés par des émotions négatives telles que la tristesse, le chagrin, l'anxiété ou la dépression. Lorsque nous ne nous attaquons pas à la cause de ces sentiments, nous commençons à compter sur les autres pour obtenir leur approbation et leur attention afin de nous sentir bien dans notre peau. Cette dépendance émotionnelle peut nous empêcher d'atteindre notre plein potentiel.

Lorsque nous comptons sur les autres pour nous sentir heureux, nous devenons émotionnellement dépendants d'eux. Cela peut avoir des conséquences dangereuses pour notre tranquillité d'esprit et notre bien-être. Surmonter la dépendance émotionnelle est un véritable défi, car nous devons avoir le courage de puiser dans nos propres forces pour nous faire plaisir à nous-mêmes plutôt qu'aux autres. Il est toutefois possible de se libérer de cette dépendance en apprenant à trouver le bonheur en soi. En développant notre propre force intérieure, nous pouvons créer une base de stabilité émotionnelle qui ne dépend pas des autres. Grâce à cette indépendance retrouvée, nous pouvons alors aborder nos relations avec les autres avec confiance et dans un respect sain, plutôt que dans le besoin et l'anxiété.

Plusieurs changements de comportement peuvent se produire lorsqu'une personne vit une dépendance affective. Par exemple, elle peut ressentir le besoin d'être proche de son partenaire à tout moment, ou être constamment en insécurité. Elle peut aussi avoir l'impression de ne pas être assez bien pour son partenaire ou avoir une peur obsessionnelle de le perdre. En outre, elles peuvent accepter de souffrir psychologiquement et physiquement parce qu'elles ont peur de mettre fin à leur relation. Tous ces changements peuvent conduire à un sentiment d'anxiété constant et dominant.

La dépendance affective existe sur un spectre, avec l'indépendance affective et l'épanouissement personnel à une extrémité, et la dépendance totale à l'égard d'un partenaire, d'un ami ou d'un être cher à l'autre extrémité. Cela crée un cercle vicieux où nous devenons incapables de prendre des initiatives utiles et nécessaires pour nous-mêmes. Notre vie devient alors une zone d'incertitude et d'impuissance. Ce cercle vicieux se manifeste de diverses manières, nous empêchant de recevoir ce que nous désirons avoir ou faire dans notre vie. Le cycle du doute de soi crée des croyances selon lesquelles nous ne sommes pas assez bons, ce qui provoque à son tour des émotions négatives telles que la peur et l'insécurité. Lorsque nous devenons plus dépendants des autres sur le plan émotionnel, nous avons l'impression qu'un énorme rocher se trouve sur notre chemin.

Il faut beaucoup de temps et d'énergie pour le déplacer, mais il est possible de trouver un moyen de le traverser. Les solutions existent, mais il faut faire des efforts pour les trouver.

Le thème central de ce livre est la dépendance affective. Dans la société d'aujourd'hui, ce sujet mérite des explications et des solutions. Le livre raconte l'histoire de Sylvie Francin, qui a eu une enfance heureuse et chaleureuse jusqu'à ce qu'elle rencontre un événement tragique qui a changé sa vie. Ces changements radicaux ont eu des conséquences désastreuses ; du jour au lendemain, elle est devenue une dépendante émotionnelle. Après avoir pris conscience de son propre mal, elle va partir à la recherche de solutions. Après des échecs répétés, elle va prendre conscience du mal qui la hante et décider de trouver des solutions à son problème. Elle met ainsi en place cinq étapes fondamentales pour surmonter et guérir sa dépendance affective. C'est son histoire !

PARTIE I : MON PASSÉ

Chapitre 1 : Le château de carte

Je m'appelle Sylvie Francin. Je suis née dans une famille aimante et joyeuse, dans une grande et belle maison située dans l'une des banlieues les plus huppées de Lyon. En tant qu'enfant unique de mes parents, j'avais en effet vécu une vie pleine de privilèges. Mon père était un homme d'affaires respecté et respectable dans le pays tandis que ma mère travaillait comme directrice des ressources humaines pour une entreprise pharmaceutique, toutes deux basées à Lyon.

Nous vivions dans une belle villa qui était l'endroit idéal pour vivre, entourée de luxe. Mon enfance privilégiée m'a permis de fréquenter les meilleures écoles et collèges de la ville. Mes parents ont essayé de me donner tout l'amour dont j'avais besoin, même s'ils étaient occupés par leur propre vie. J'ai grandi en me sentant confiante et déterminée, grâce à leur amour. Mes souvenirs d'enfance sont remplis de moments heureux passés en famille et entre amis. Ces expériences ont façonné la personne que je suis aujourd'hui. Lorsque j'étais enfant, j'étais en meilleure santé physique et mentale, j'avais moins de problèmes de comportement, j'avais de meilleurs résultats scolaires, j'étais plus créative, j'avais de meilleures aptitudes à la résolution de problèmes et de meilleures aptitudes sociales avec une meilleure estime de soi.

J'étais également plus résiliente et plus satisfaite de la vie en général. J'ai eu la chance d'avoir des parents qui m'ont soutenue et qui ont répondu rapidement à mes besoins. Cela m'a permis d'avoir une enfance sûre et heureuse, remplie de bons souvenirs. Je me sentais en sécurité et protégée, ce qui m'a aidée à gérer des émotions difficiles plus tard dans la vie.

Je suis reconnaissante à mes parents pour leur amour et leur soutien. C'est grâce à eux que j'ai des souvenirs aussi positifs de mon enfance. Lorsque je faisais une crise de colère dans mon enfance, mes parents venaient me voir avec compassion et me proposaient des solutions. Ils me témoignaient un amour inconditionnel et m'aidaient à comprendre et à gérer mes émotions. Cela m'a permis d'avoir de bonnes relations interpersonnelles, car j'ai connu le bonheur dans des relations positives avec mes amis et ma famille. Mes parents m'ont enseigné des valeurs et des comportements qui contribuent à mon bonheur quotidien.

Grâce à leur influence, je suis capable de trouver le bonheur dans les relations étroites que j'entretiens. Le soutien affectueux de mes parents a été l'une des meilleures choses qui me soient arrivées dans la vie. J'ai trouvé le bonheur dans leur gentillesse et leur gratitude. Grâce à eux, j'avais de meilleures relations sociales et j'étais plus agréable dans ma vie quotidienne. Je participais à des activités sociales, ce qui m'aidait à me sentir plus connectée et plus heureuse. Cette enfance heureuse a été essentielle à mon développement. Même si elle n'était pas parfaite, elle était chaleureuse et joyeuse.

Ce sentiment de joie enfantine a été déterminant dans mon développement personnel. L'espoir et le bonheur étaient mes marques de fabrique. J'étais une petite fille pleine de vie et je respirais toujours la joie. L'optimisme était ancré dans mon caractère et je n'espérais que des lendemains meilleurs, non seulement pour moi, mais aussi pour ma famille. Par conséquent, cette positivité m'a accompagnée tout au long de ma vie. Chaque fois que des moments difficiles frappent à ma porte, je suis capable de me sortir de toute situation négative, car je sais qu'il y a toujours de la lumière au bout du tunnel.

Mais ma vie de paillettes allait prendre fin lors de la fameuse nuit du 6 mars 2014. Mes parents étaient partis en vacances vers leur destination de rêve, Tahiti. Mon oncle et moi les avions conduits à l'aéroport plus tôt dans la journée et en début de soirée, mon oncle a reçu un appel téléphonique. Intriguée par son comportement, j'ai écouté. C'est alors que j'entendis à l'autre bout du fil une voix disant :

« Paul et Irène n'étaient pas dans cet avion ? ».

Je ne voulais pas savoir de quoi cette personne parlait, alors j'ai allumé la télé. Le gros titre disait "NEXT Airlines", "Tahiti", "crash", "259 passagers", "aucun survivant". J'ai réalisé que c'était leur vol. J'avais 17 ans quand la mort de mes parents a été confirmée par les autorités aériennes. J'ai été envahie par la tristesse. En un instant, mon monde s'est effondré. La paix dans laquelle j'avais vécu a volé en éclats. Les pièces du puzzle ne s'emboîtaient plus. Les piliers de ma vie étaient soudainement faibles et fragiles.

Je savais ce que c'était que de se sentir impuissante lorsque tout s'écroulait autour de moi. Après avoir perdu les deux personnes les plus importantes de ma vie, j'ai éprouvé des sentiments d'abandon et de perte.

Ces émotions sont restées en moi pendant longtemps. Cette perte était tellement insurmontable que je ne réussissais plus à trouver un nouveau point d'ancrage, une forme de protection, de sécurité, face à une nouvelle perte. Être et vivre sans ces êtres chers n'était pas envisageable et me conduisait à développer certains comportements comme le besoin constant d'être entourée et rassurée par un proche.

Le décès de mes parents a marqué un profond changement dans ma vie quotidienne. J'ai commencé à éprouver des troubles du sommeil, une perte d'appétit, des difficultés de concentration, une tristesse envahissante et une détresse psychologique. Je me suis également sentie coupable et j'ai commencé à penser au suicide. Mon estime de soi et mon sentiment de valeur personnelle avaient disparu. Je n'étais plus la même personne. La perte de mes parents pendant mon adolescence a eu un effet profond sur mes comportements quotidiens et mes relations sociales. Je suis devenue extrêmement dépendante de l'attention et de l'affection des autres, ce qui m'a empêchée d'exprimer mes propres besoins et désirs. Par conséquent, je me suis souvent retrouvée soumise dans mes interactions avec les autres par peur des critiques. Je ne me suis jamais sentie satisfaite de l'amour que je recevais, car il ne compensait pas la douleur et le vide que je ressentais à l'intérieur. Peu importe la quantité d'amour que l'on me donnait, cela ne semblait jamais suffire à combler le vide en moi.

Chapitre 2 : La dépendance affective, mon quotidien

Ce chagrin m'a bouleversée et me bouleverse encore. J'avais besoin de l'amour et de l'affection de mes parents pour vivre, ce qui m'a amenée à croire que j'avais besoin de cette affection et de cet amour des autres à tout prix surtout pour survivre, me sentir heureuse ou complète. Sur le plan affectif, j'avais besoin de l'attention, de l'approbation et du soutien constants des autres parce que je ne me les accordais pas à moi-même. Cette dépendance émotionnelle provenait du vide intérieur créé par ma peur de l'abandon. Par conséquent, je m'attendais à ce que les autres comblent ce vide et me fassent sentir aimée et en sécurité.

Mon vécu quotidien

J'ai rencontré Christian par l'intermédiaire d'un camarade de classe pendant mes études universitaires. Je suis tombée follement amoureuse de lui, très soudainement et fortement. Je ressentais des émotions profondes dans mon estomac, comme des papillons qui n'apparaissaient que lorsque je pensais à lui, que j'étais sur le point de le voir ou qu'il s'approchait de moi. Mon cœur se mettait aussi à battre la chamade. J'étais tout à fait prête à le suivre à n'importe quel concert ou fête, même si cela ne m'intéressait pas. Je rêvais constamment d'être avec lui ; le jour, j'imaginais des scénarios agréables et la nuit, le désir était encore plus intense. J'avais envie d'être dans ses bras et de me perdre en lui. Les matins étaient mes moments préférés, parce que je pouvais le voir, lui parler et simplement le regarder. Son nom était toujours présent dans mon esprit. Je parlais toujours de lui avec animation parce que j'avais peur que tout s'arrête. J'avais peur qu'il ne me rappelle pas ou qu'il m'abandonne. J'étais captivée par tout ce qu'il faisait et tout ce qu'il disait.

Il a commencé à prendre beaucoup de place dans mes pensées et dans ma vie quotidienne. Matin, midi et soir, il était toujours là. Dans cette perspective, mon amitié avec Chloé est devenue secondaire. Ma priorité était d'être avec celui qui m'avait fait tomber amoureuse. Quelques mois plus tard, j'ai emménagé avec lui parce que je l'aimais tellement.

C'est à partir de ce moment-là que tout a changé pour toujours. Après avoir rencontré Christian, j'ai cessé de vivre pour moi-même. Je suis lentement devenue plus passive et j'ai commencé à compter sur son approbation dans tout ce que je faisais. J'avais peur d'être abandonnée et j'avais l'impression de devoir me battre constamment pour maintenir notre relation en vie. J'en suis arrivée au point où je ne pouvais pas prendre de décisions sans lui et j'étais terrifiée à l'idée d'être seule.

Tout ce que je voulais, c'était que la relation continue, alors j'utilisais toutes les stratégies auxquelles je pouvais penser. Mais ces dernières entraînaient bien souvent l'inverse des effets escomptés. La distance physique était une épreuve insupportable. Je ne pouvais pas concevoir une distance, même temporaire. En ce sens, je pouvais, par exemple, changer complètement mes projets de vie pour les adapter à ceux de mon partenaire. Mais cela aboutissait très souvent à l'opposé de ce que je désirais. Il était impossible qu'une distance, même temporaire, soit concevable à mes yeux.

La jalousie était un sentiment qui me hantait souvent sans raison particulière. J'avais peur de ne plus être assez intéressante et digne d'être aimée par Christian, alors il y avait cette peur irrationnelle en moi. Je cherchais constamment le moindre signe de désintérêt ou d'aversion de la part de mon partenaire pour me prouver que j'avais raison, quitte à imaginer de nombreux scénarios qui n'étaient pas réels.

Cette paranoïa affectait ma vie quotidienne et me causait beaucoup de stress et d'anxiété inutiles. La jalousie me permettait également de tester l'amour de mon partenaire. Par exemple, j'adoptais certains comportements pour rendre délibérément Christian jaloux afin d'obtenir la preuve de ses sentiments. Mais malheureusement, cela ne faisait qu'accroître mes craintes jusqu'à ce que l'angoisse d'une éventuelle trahison prenne le dessus. Je m'infligeais une souffrance inutile.

C'est à cause de ces nombreux comportements néfastes que Christian, fatigué de cette situation, a fini par me quitter. Ce fut à nouveau très difficile pour moi. Je me sentais si seule et sans soutien. Alors, quand c'est arrivé, j'ai été vraiment déçue. Je suis passée d'une mauvaise relation à une autre, en essayant simplement d'obtenir l'admiration, l'amour et la sympathie des autres.

La majorité de mes relations ont été définies par l'emprise émotionnelle d'une personne sur l'autre. Le plus souvent, il s'agissait de relations toxiques, unilatérales, qui se cachaient derrière différents types de manipulation - de la plus douce à la plus violente. Il est devenu difficile de quitter ces relations parce qu'elles instillaient un sentiment de dépendance extrême. Je n'étais plus fidèle à moi-même parce que j'avais peur de mettre l'autre en colère.

Je répondais à leurs attentes plutôt qu'aux miennes. J'ai supprimé mes loisirs et mes compétences personnelles pour éviter d'irriter la personne hyper-susceptible et lunatique avec laquelle je vivais. La confiance a été remplacée par la suspicion et la jalousie.

La dépendance affective était un sentiment inexplicable, presque viscéral. J'avais besoin de quelqu'un dans ma vie pour me sentir digne d'être aimée, me sentir vivante ou simplement être rassurée au quotidien. La peur de perdre un être cher ou de ne pas être aimé par lui peut conduire à des comportements irrationnels. C'était le cas pour moi lorsque j'étais dans une série de relations affectives compliquées et toxiques. Je ne comprenais pas pourquoi je ne pouvais pas m'épanouir pleinement dans ces relations et je m'y investissais tellement que mon humeur, mon bonheur et mon identité étaient définis par l'autre personne.

Heureusement, je suis maintenant dans une relation beaucoup plus saine et j'ai appris de mes erreurs passées. Au fil du temps, je me suis rendue compte que j'étais devenue de plus en plus passive. Je ne prenais plus de décisions pour moi-même et je comptais sur les autres pour les prendre à ma place. Ces relations m'ont causé des dommages émotionnels et m'ont donné une mauvaise image de moi-même.

J'avais du mal à communiquer efficacement et finissais par accorder plus d'importance à l'approbation des autres qu'à la mienne. Ma confiance en moi et mon estime de moi étaient faibles, ce qui est devenu un obstacle majeur à ma capacité de prendre des décisions. En bref, j'avais perdu le contact avec qui j'étais et ce que je voulais dans la vie. Heureusement, j'ai réussi à me libérer de ce schéma destructeur et à reprendre le contrôle de ma vie. Aujourd'hui, je suis beaucoup plus heureuse et en meilleure santé.

J'avais peur d'être abandonnée et j'avais tellement besoin d'approbation que je suis devenue dépendante des relations, même si cela signifiait sacrifier mon propre bonheur. Je me sentais ainsi responsable des actions des autres. Mais comme ces relations me faisaient souffrir, j'ai commencé à me punir tous les jours.

L'auto-flagellation

Il est important d'être conscient de votre critique intérieure, car cette voix peut parfois offrir des motivations utiles pour atteindre nos objectifs. Par exemple, si nous sommes sur le point de manger quelque chose de malsain, ou de faire quelque chose qui n'est peut-être pas sage, cette petite voix intérieure peut servir de rappel. Cependant, un certain nombre de personnes ont tendance à croire que si elles ne se critiquent pas, elles ne réussiront pas. Il est essentiel de briser cette croyance, car l'autocritique peut en fait empêcher la croissance et nuire au bien-être mental.

Bien qu'elle puisse vous permettre de reconnaître vos erreurs et vos échecs, et l'humilité comme un changement positif, ces avantages sont éclipsés lorsque l'autocritique ne sert plus à rien. Par conséquent, il est nécessaire d'identifier quand l'autocritique n'est plus utile afin de maintenir un état d'esprit sain. La voix dans notre tête peut être nuisible, surtout lorsqu'elle est excessivement négative. C'est ce qu'on appelle le monologue intérieur négatif, qui peut vraiment affecter notre humeur. Le monologue intérieur négatif se présente sous de nombreuses formes et peut créer beaucoup de stress pour nous et notre entourage si nous n'y prenons pas garde.

Pendant un certain temps, j'étais prise dans un cycle de pensées négatives. Je me disais que j'étais malheureuse dans ma vie, ce qui provoquait de l'anxiété. L'anxiété menait à l'autocritique, qui prédisait ensuite la dépression. Lorsque quelque chose allait mal, je me blâmais et me sentais coupable et honteuse. J'avais l'impression d'être une ratée, ce qui me donnait le sentiment d'être de mauvaise humeur. J'étais très dure envers moi-même, ce qui m'a amenée à croire que les autres le seraient aussi. J'abordais donc chaque situation en m'attendant à recevoir des commentaires ou des critiques négatives, ce qui causait des problèmes dans mes relations. Mon autocritique et ma peur des critiques des autres me faisaient me sentir isolée et seule, et je ne pouvais jamais affirmer mes propres besoins ou opinions. Je transformais mon discours négatif en habitudes négatives.

L'autocritique est un dialogue que nous avons avec nous-mêmes et qui limite notre capacité à croire en nous-mêmes et en nos capacités, et à atteindre notre potentiel. Il s'agit de toute pensée qui diminue notre capacité à apporter des changements positifs dans notre vie et notre confiance pour le faire. Ainsi, ce discours intérieur négatif n'est pas seulement source de stress, mais il entrave également notre réussite. Cela a de nombreuses conséquences, notamment sur notre santé mentale où il peut avoir des effets très négatifs. C'est la rumination et l'auto-culpabilisation d'événements négatifs qui sont liées à ce risque accru de problèmes de santé mentale. Nous devons être conscients de ce dialogue pour pouvoir nous en libérer et mieux réussir notre vie.

En étant trop critique envers moi-même, je ne faisais que causer plus de stress. En effet, ma vision de la réalité était faussée, ce qui me donnait l'impression que je ne pourrais pas atteindre les objectifs que je m'étais fixés. Cette pensée négative entraînait ensuite des changements de comportement, comme le fait de ne pas voir les opportunités ou de ne pas en profiter. Ainsi, plus je me disais que je ne pouvais pas faire quelque chose, plus cela devenait une prophétie auto-réalisatrice.

Chapitre 3 : De l'échec au désespoir

Je savais que je souffrais de dépendance affective, mais je ne pensais pas que c'était grave. Mon oncle m'a convaincue que je devais voir un thérapeute pour m'aider à mieux comprendre mes émotions et mes relations. J'ai donc pris rendez-vous avec l'un des meilleurs thérapeutes du pays. Le thérapeute m'a aidée à comprendre ce sur quoi je devais travailler pour surmonter ma dépendance émotionnelle. La thérapie allait me donner l'occasion d'exprimer mes sentiments sur ma dépendance affective. Grâce aux échanges avec le thérapeute, j'allais pouvoir me libérer de cette souffrance.

De plus, ces échanges allaient permettre au thérapeute de m'aider à comprendre ma souffrance et comment rompre le cycle de la dépendance affective. Il s'agissait d'identifier les mécanismes et les causes de ma dépendance affective, en tant que dépendante affective, et de travailler dessus afin de briser ce cercle vicieux. Mon oncle m'a dit que voir un thérapeute est la clé pour surmonter la dépression, l'anxiété et le stress.

Ce thérapeute m'aiderait à explorer les problèmes de mon passé qui contribuent à mes préoccupations relationnelles actuelles et à trouver des moyens plus sains de répondre à mes besoins émotionnels. J'ai confiance en l'opinion de mon oncle à ce sujet, car il a lui-même été confronté à la dépression et en est sorti indemne. Il dit que la thérapie a joué un rôle important dans son processus de guérison et qu'elle l'a aidé à mieux se comprendre et à mieux comprendre ses relations avec les autres.

Je suivais une thérapie et j'essayais de travailler sur d'autres problèmes liés à ma dépendance émotionnelle. Je voulais développer plus de compassion pour moi-même, augmenter ma confiance en moi et mon estime de moi, apprendre à reconnaître les relations saines et me mettre au défi de recadrer les pensées négatives. Les techniques utilisées par le psy comprenaient l'hypnose clinique et la thérapie de développement personnel. L'objectif de ma thérapie était de m'aider à reconnaître mon problème, à mettre fin aux relations toxiques dans lesquelles je me trouvais, à détecter les causes de ma dépendance affective et à la traiter pour éviter de répéter ce même schéma. Après avoir diagnostiqué ma dépendance affective, le thérapeute m'a aidée à en identifier la cause, a soutenu le développement de mon estime et de ma confiance en moi, et m'a aidée à apprendre à nouer de nouvelles relations et à mener une nouvelle vie sans dépendance affective. Mais après plusieurs mois de thérapie, je souffrais toujours de ce mal. Il était toujours là.

Après mon échec initial, j'ai suivi les conseils d'un prêtre qui était aussi un ami de la famille. Il affirmait que de nombreuses études avaient confirmé que les personnes religieuses tiraient de leur foi des bénéfices émotionnels et psychologiques qui les aidaient à surmonter certains obstacles. J'ai donc rejoint une communauté de prière. Le fait de côtoyer d'autres personnes partageant mes croyances, le réconfort apporté par la prière et la structure du rituel m'ont aidée à surmonter les moments difficiles. Cela m'a donné la force dont j'avais besoin pour faire face à la dépression, à l'anxiété, aux traumatismes et à de nombreux autres problèmes de santé mentale. J'ai trouvé le conseil religieux utile car il était axé sur l'action et le changement de comportement. Le conseiller que j'ai vu était très compréhensif et d'un grand soutien, et il m'a vraiment aidée à voir comment ma foi pouvait jouer un rôle positif dans ma vie. Je me suis sentie à l'aise pour partager des choses avec lui et, par conséquent, j'ai connu un grand développement personnel. La session à laquelle j'ai participé s'est concentrée sur la manière dont la grâce de Dieu nous permet de tourner la page sur nos transgressions passées et d'être pardonnés. En utilisant la Bible comme guide, nous avons examiné des exemples d'actes vertueux et la manière dont ils peuvent être appliqués à notre vie actuelle. Le prêtre a souligné l'importance d'établir un lien personnel avec le contenu de la Bible afin de vivre une vie plus épanouie, malgré l'anxiété et la dépression chronique dont nous souffrons. Cette expérience m'a beaucoup ouvert les yeux et m'a aidée à voir le monde sous un jour nouveau.

Mais après plusieurs tentatives infructueuses, je commençais à perdre espoir. Je ne savais pas quoi faire d'autre et chaque jour qui passait renforçait mon désespoir. Ma vie était devenue une grande déception et j'avais l'impression d'être coincée dans ce cycle sans fin de désillusions. C'était une période difficile pour moi, car je devais constamment faire face à ma dépendance. Mon oncle me disait qu'il était tout à fait normal que je me sente ainsi, mais cela ne rendait pas la situation plus facile.

« Il est nécessaire d'éprouver de grandes désillusions dans la vie. Se sentir déçu nous permet d'obtenir la motivation nécessaire à la croissance. », me disait mon oncle.

Je n'étais malheureusement pas de cet avis car personne n'était obligé de passer par une désillusion dévastatrice pour savoir ce qu'était la vie. J'ai ressenti cela parce que j'étais confrontée à un problème que je ne pouvais pas gérer.

Les déceptions sont toujours plus supportables lorsqu'elles sont petites. Je peux en tirer des leçons et les canaliser vers quelque chose de positif. Si je suis dans le puits de la douleur et la forêt du désespoir, je ne pourrai pas faire face. Les déceptions ne sont pas un mécanisme étrange, mais plutôt une partie de la vie qui peut me dire que de meilleures choses m'attendent. J'étais rongée par un profond désespoir qui se traduisait par une perte d'espoir, de confiance et de plaisir en toute chose. Ce désespoir affectait tous les aspects de ma vie quotidienne et entraînait dépression, tristesse et pensées suicidaires. C'était un sentiment débilitant qui rendait très difficile pour moi d'améliorer ma situation ou mon humeur lorsque j'avais l'impression qu'il n'y avait plus rien à faire et que tout était sans espoir.

J'avais l'impression d'avoir perdu toute chance de réussite dans quelque domaine que ce soit. Dès lors, je me suis retrouvée incapable de mener à bien un projet qui me paraissait automatiquement insurmontable. J'étais envahie par le découragement, le sentiment d'impuissance et la perte de confiance en moi. J'ai ressenti une douleur psychologique, une profonde tristesse, une détresse et une énorme colère. Le sentiment de ne pas pouvoir trouver de solution à la peur qui me hantait avait un impact non seulement sur ma vie quotidienne mais aussi sur celle de mon entourage. Ces émotions négatives dominaient et influençaient tout mon fonctionnement.

PARTIE II : LE POINT DE BASCULE

Chapitre 4 : Le déclic

Au milieu de ma vie bien remplie, il était facile de perdre le fil de mes pensées, de mes sentiments et de mes comportements. Je me suis rendue compte que quelque chose n'allait pas. Cette situation d'anxiété et d'angoisse m'a poussée à me retirer des autres. Je n'avais plus besoin d'eux car ils m'avaient vraiment fait souffrir.

Mais ce repli sur soi a fini par être un moment propice à une certaine auto-analyse. C'est à ce moment-là que j'ai compris de façon évidente que j'avais besoin de moi, de ma propre compagnie. J'étais la seule personne qui avait le pouvoir de changer la situation.

Les effets positifs du temps consacré à l'autoréflexion m'ont incitée à en faire une habitude dans ma vie quotidienne. Ses avantages comprenaient la réduction du stress, une meilleure compréhension de mes valeurs et de mes rêves. L'introspection m'a permis d'accéder à une meilleure compréhension de moi-même ; j'ai pu traiter les informations avec intelligence et clarté. Les connaissances que j'ai acquises ont été inestimables pour les actions que j'ai entreprises et les objectifs que j'ai fixés. Le fait de pouvoir contrôler mes émotions m'a donné un plus grand sentiment de bien-être et de bonheur. Cela m'a permis de faire ce que je dis, au lieu de simplement savoir ce que je dois faire. Cela a permis de réduire le stress et l'anxiété. Par conséquent, je suis convaincue que tout le monde a droit au bonheur.

Comment j'ai pratiqué l'auto-introspection

Afin d'atteindre mon objectif, j'ai créé un environnement idéal pour moi. Cet environnement était calme et exempt de distractions, de stimuli et d'autres personnes. Le fait d'être dans la nature m'aidait à trouver le calme. Parfois, je faisais des méditations en marchant ou en me déplaçant, car cela me permettait d'être plus en contact avec le monde qui m'entourait.

Avez-vous pensé à tenir un journal ? Les avantages de la tenue d'un journal sont nombreux et variés, mais certains des plus importants pour moi ont été une meilleure connaissance de soi, une meilleure mémoire, une plus grande confiance en soi et de meilleures compétences en communication. De plus, la tenue d'un journal m'a aidée à rester organisée, motivée et sur la bonne voie. L'une des choses que j'aime le plus dans la tenue d'un journal, c'est de pouvoir regarder en arrière et de voir tout le chemin parcouru en un an - les défis que j'ai dû relever, les leçons que j'ai apprises et la croissance que j'ai connue.

Je trouve que le meilleur moyen de faire sortir mes pensées et mes sentiments est de commencer à les écrire. Je me laisse écrire pendant une à deux pages, sans m'arrêter pour réfléchir ou me censurer de quelque façon que ce soit. C'est incroyable ce qui sort quand on laisse son esprit s'exprimer librement comme ça. Je fais souvent cela lorsque je traverse une période difficile et que j'ai du mal à me détacher de la situation ou de mes émotions. Écrire du point de vue d'une tierce personne peut être utile dans ces situations, car cela permet d'avoir un esprit et une perspective plus ouverts. J'utilise également mon journal comme une liste de choses à faire dans la journée, ce qui m'aide à rester organisée et motivée.

J'ai pensé aux objectifs que je voulais atteindre ce jour-là et je me suis fixée une intention. J'ai également pris le temps de noter mes réalisations, aussi petites soient-elles, ainsi que les choses dont j'étais fière. Cela m'a aidée à me souvenir de mes réussites et à en éprouver de la gratitude. De temps en temps, je me récompensais aussi pour ces victoires. Dans l'ensemble, j'ai essayé de garder une attitude positive en utilisant des mots et des phrases positifs, même lorsque c'était difficile de le faire. Cette pratique consistant à reconnaître les bons moments m'a aidée à me concentrer sur le présent et à ne pas me laisser submerger par des émotions négatives comme la colère.

Les avantages de l'auto-introspection dans ma vie

La connaissance de mes valeurs fondamentales personnelles m'a été bénéfique à plusieurs égards. Le plus important est sans doute que cela me permet de faire des choix - y compris les personnes que je fréquente et les activités que je pratique - en fonction de ce qui est le plus important pour moi. En outre, la compréhension de mes valeurs fondamentales me permet d'identifier plus facilement quand quelque chose me dérange et si je dois agir ou non. Enfin, le fait de connaître mes valeurs fondamentales m'a aidée à avoir davantage confiance en moi et en mes décisions. Pour dire les choses simplement, entrer en contact avec mes valeurs fondamentales personnelles a été une expérience extrêmement positive.

Cette compréhension de mon potentiel et de mon but a commencé par un examen approfondi de moi-même. Plus j'étais consciente de mes forces et de mes faiblesses, plus je pouvais m'orienter. Je pouvais voir ce que je savais faire et ce que je devais améliorer. De plus, cette connaissance m'a permis de concentrer mon énergie là où elle serait la plus productive. Une partie de cette autoréflexion a également consisté à remettre en question les hypothèses que j'avais faites à mon sujet, comme mes compétences, qui j'étais et ce que j'étais censé faire. Certaines de ces croyances se sont avérées fausses et ne me servaient plus. J'ai donc appris à les abandonner. En fin de compte, ce voyage d'introspection m'a aidée à mieux me connaître, ce qui m'a permis de définir mes objectifs et la meilleure façon de les atteindre.

Grâce à mon autoréflexion quotidienne, j'ai pu développer une perspective globale. Cela m'a permis de voir plus clairement le monde et la place que j'y occupe. J'ai pris conscience de ce qui comptait le plus pour moi, ce qui m'a permis de me concentrer sur ce qui était important et de ne pas me laisser distraire par des détails insignifiants. Je suis également devenue un « penseur » plus global et j'étais mieux à même de prendre du recul par rapport à mes émotions et à celles des autres. La conscience de soi m'a permis de prendre plus facilement du recul par rapport à moi-même et à mes émotions, ainsi qu'à celles des autres. Il était plus facile d'être pleinement présente et de ne pas se sentir accablée lorsque je changeais de perspective. J'ai laissé mon intuition me guider vers le bon point d'observation, et de là, j'ai pu voir ce que je n'avais jamais vu auparavant.

Plus je devenais consciente de moi-même, plus je reconnaissais mes peurs pour ce qu'elles étaient et voyais les bénédictions qui se trouvaient de l'autre côté de ces peurs. Cela m'a donné la force de les affronter. À mesure que je surmontais chaque peur, mon courage augmentait.

Plus je m'améliorais dans mon introspection, plus je prenais de bonnes décisions. Je suis devenue plus consciente de mes pensées intérieures et de ce qu'elles essayaient de me dire. Grâce à cette connexion plus forte, il m'était désormais plus facile de prendre des décisions fondées sur mes propres pensées et opinions. J'ai commencé à faire davantage confiance à cette voix intérieure, car elle me conduisait vers de meilleurs résultats. Et je me laissais moins souvent distraire par les bruits extérieurs et les opinions des autres

Plus j'apprenais à me connaître, plus j'étais en mesure de comprendre les relations que j'entretenais avec les autres. Mon intelligence émotionnelle a augmenté au fur et à mesure que je prenais conscience de moi-même. Avec un quotient émotionnel plus élevé, il était plus simple pour moi de créer des liens plus profonds avec les autres. J'étais moins préoccupée par les apparences et par ce que les autres pensaient de moi. J'avais une meilleure perception de ce que mes proches attendaient de moi parce que j'étais attentif à mes propres besoins. Par conséquent, j'ai pu être plus présente pour les personnes qui me sont chères et mieux sentir ce que mes proches attendaient de moi parce que j'étais attentive à mes propres besoins. Le fait d'être attentive à mes propres besoins m'a rendue plus consciente des besoins des autres et de la meilleure façon de les soutenir.

Plus j'en apprenais sur moi-même, moins je me sentais anxieuse. J'ai réalisé qu'il était inutile de m'inquiéter de choses qui pourraient arriver ou que je ne pouvais pas contrôler. J'ai plutôt commencé à me concentrer sur le moment présent et sur les choses que je savais être vraies. Je ressentais encore de l'anxiété de temps en temps, mais j'étais mieux équipée pour y faire face. J'avais compris que mes pensées étaient puissantes et que, si je changeais ma façon de penser, je pouvais améliorer considérablement ma vie. Apprendre à vivre plus consciemment a changé la donne pour moi et m'a aidée à surmonter les tempêtes, au sens propre comme au sens figuré.

Avant, je m'endormais rapidement si je n'étais pas inquiète ou anxieuse. Mais maintenant, je peux dormir encore mieux si je prépare le terrain. Je commence par exprimer ma gratitude pour la journée et ses bienfaits. Puis j'offre toutes les préoccupations restantes à l'amour, la source de tout bien. Moins j'en porte avec moi sur l'oreiller, plus mon esprit est libre de se reposer. En conséquence, je dors mieux.

Il est impossible de s'accepter soi-même sans d'abord développer une conscience de soi par une autoréflexion continue. Ce n'est qu'en s'engageant dans un voyage de découverte personnelle que l'on peut espérer arriver à accepter ses forces et ses faiblesses. Une fois que j'ai commencé à m'examiner de près, j'ai pu travailler sur les points à améliorer et mieux apprécier les choses qui me rendent spéciale. Apprendre à s'accepter et à faire preuve de compassion envers soi-même est un processus qui commence par la connaissance de soi.

L'auto-introspection était donc la recette parfaite pour créer ce bonheur durable, que je désirais si ardemment. Je pouvais ainsi espérer des lendemains meilleurs et avoir la force nécessaire pour vaincre cette dépendance émotionnelle qui m'avait fait tant de mal.

Chapitre 5 : Des solutions toutes trouvées

Le sentiment de détermination m'a poussé vers le succès.

Il était essentiel d'avoir cette émotion pour atteindre les objectifs que je m'étais fixés. Même face aux échecs et aux revers, la détermination m'a permis de réaliser ce que je voulais. L'importance de la détermination est illustrée avec précision par ces mots puissants de Tony Robbins :

« La détermination est l'éveil de la volonté humaine. »

La détermination m'a non seulement motivée, mais elle m'a également incitée à viser plus haut et à rêver plus grand. Avoir de la détermination est un élément important de la réussite. Elle m'a aussi aidée à rester concentrée et à surmonter les moments difficiles. La détermination est ce qui m'a fait croire en moi et en mes rêves, et c'est la clé de mon succès. En étant plus déterminée que jamais, j'ai pu atteindre tous mes objectifs. Rien ne pouvait m'empêcher d'atteindre mon plein potentiel. Grâce à la détermination, je suis là où je suis aujourd'hui.

La détermination est ce qui pousse une personne à atteindre ses objectifs, même si le chemin est difficile. Il s'agit d'une émotion positive qui aide la personne à persévérer et à ne pas abandonner. La détermination, c'est s'engager à atteindre ses objectifs, même si cela implique de passer par des moments difficiles. C'est une composante essentielle de la réussite car elle permet de surmonter les obstacles.

Savoir que la voie du succès est difficile, mais avoir quand même la volonté d'atteindre ses objectifs, voilà ce qu'est la détermination. L'importance de la détermination ne peut être sous-estimée, surtout lorsqu'il s'agit de relations.

Comme le dit Robert Kiyosaki :

« Tout dépend de notre détermination à réussir. »

La détermination n'inspire pas seulement ceux qui vous entourent, mais vous donne également la force d'accomplir des choses qui pouvaient sembler impossibles auparavant. Peu importe la difficulté du chemin vers le succès, si vous êtes déterminé, vous finirez par y arriver. N'abandonnez donc jamais vos rêves, même s'ils vous semblent hors de portée. Avec suffisamment de détermination, tout est possible. La détermination est une qualité importante à posséder si vous voulez atteindre vos objectifs. Sans elle, vous risquez d'abandonner au premier signe de difficulté ou de manque de soutien. La persévérance est essentielle, car abandonner ne fera qu'entraver la réussite. Il est important de ne pas perdre de vue l'objectif et de ne rien laisser vous empêcher de réaliser vos rêves.

Je devais devenir une personne déterminée, dotée de toutes les qualités nécessaires pour réussir dans la vie. Qu'il s'agisse de petites tâches plutôt insignifiantes ou d'objectifs qui changent la vie, la détermination était impérative à chaque étape de ma vie. La détermination a fait de moi un être humain fort et déterminé. Je ne trébuchais plus à la simple vue d'un obstacle. Au lieu de me lamenter sur le problème, je me concentrais sur la recherche d'une solution. Je concentrais toute mon attention sur le travail, la tâche ou l'objectif que j'essayais d'atteindre.

En outre, je me fixais de petits objectifs. La détermination m'a aidée à réaliser de nombreuses choses dans ma vie. C'est une qualité essentielle à la réussite. Sans elle, nous abandonnerions tout simplement à la première difficulté. Le monde est plein de défis et d'obstacles, mais avec de la détermination, nous pouvons tout surmonter.

J'ai réalisé que mon avenir était entre mes mains. J'étais déterminée à résister à la tentation. J'ai cessé de me plaindre des défis et des difficultés que je rencontrais. J'ai cessé de me comporter comme une victime. Je n'ai plus laissé la négativité me tirer vers le bas. Au contraire, j'ai pris des initiatives et j'ai appris de ces revers. En outre, je travaillais constamment dur et je restais positive quant au résultat, quelles que soient les chances. Ces mesures m'ont permis de réussir dans divers aspects de ma vie. J'ai cessé de me préoccuper de ce que les autres pensent de mes choix et de mes décisions. Je prends maintenant le temps de bien réfléchir avant de prendre une décision et je m'y tiens malgré les obstacles.

En outre, j'ai commencé à considérer l'échec sous un jour positif, comme une occasion d'apprendre. Winston Churchill a dit un jour :

« Si vous traversez l'enfer, continuez à avancer. »

Cette citation est restée gravée dans ma mémoire et, par conséquent, je suis désormais inébranlable, résolue et passionnée par mes objectifs, ce qui m'a maintenue sur la voie du succès.

La détermination est ce qui m'a donné de l'espoir. Elle m'a servie de motivation pour chercher le bon côté de la vie. La détermination m'a montrée qu'il y a toujours de la lumière au bout du tunnel, même si les choses semblent sombres. Elle m'a empêchée d'abandonner, car je savais que si j'abandonnais, tout mon travail n'aurait servi à rien. La détermination m'a donné la force de continuer, même lorsque les choses étaient difficiles. Elle m'a montré qu'il y avait toujours un autre moyen d'atteindre mes objectifs, même lorsque le chemin semblait bloqué. Grâce à la détermination, j'ai pu réaliser de nombreuses choses que je croyais impossibles. J'étais ainsi d'avis avec Peter Brock qui affirmait :

« Ne jamais s'arrêter. On s'arrête dès que quelque chose est sur le point de se produire. »

La détermination est un outil puissant qui m'a aidée à réussir dans ma vie. Elle m'a permis de rester concentrée et motivée dans les moments difficiles. Chaque fois que j'ai dû relever un défi, la détermination m'a donné la force de continuer. Elle m'a aidée à développer une attitude positive et à toujours chercher des occasions de m'améliorer.

Surmonter ma dépendance émotionnelle a été l'une des plus grandes réussites de ma vie. Sans détermination, je n'aurais jamais pu atteindre ce niveau de réussite. La détermination est vraiment un outil puissant qui peut aider n'importe qui à surmonter n'importe quel obstacle. Confucius a dit que :

« *Notre plus grande gloire n'est pas de ne jamais tomber, mais de nous relever chaque fois que nous tombons.* »

Cette phrase a eu une résonance profonde en moi et m'a donné la détermination de considérer l'échec non pas comme une fin, mais comme une occasion d'apprendre. Je suis maintenant plus résiliente que jamais et mieux équipée pour faire face à tout ce que la vie me réserve. Grâce à Confucius, j'ai compris que la détermination est la clé du succès.

La détermination est une qualité qui peut changer une personne pour le mieux. Elle peut la faire passer d'un état de lâcheté à un état de confiance et de résilience. La détermination permet à une personne de croire en elle-même et en ses capacités. Cela peut, à son tour, conduire à de nouvelles opportunités et à la volonté de prendre des risques. La confiance est le résultat direct de la croyance en soi. Par conséquent, la détermination est un outil puissant qui peut contribuer à faire d'une personne quelqu'un qui n'a pas peur et qui est capable d'affronter tout ce que la vie lui réserve. Comme l'a dit un jour Abraham Lincoln :

« *La volonté de réussir est plus importante que tout le reste.* »

J'ai trouvé cela incroyablement vrai dans ma propre vie. La détermination était la clé pour faire la différence.

Grâce à elle, je suis devenue plus réaliste et plus objective. Sans cette détermination, je n'aurais jamais accompli ce que j'ai accompli.

Je suis devenue réaliste

En identifiant mes valeurs, je peux cultiver l'espoir. Je sais quel type de relations et d'environnement je souhaite dans un monde idéal, et cela me donne une direction et un but. Je réalise que j'ai la capacité de façonner ma vie, et qu'en me mettant dans un état d'esprit plus optimiste, je peux prendre le contrôle de mon avenir. C'est moi qui décide de ce que je vais réaliser, et en travaillant dur, je suis capable de faire de mes rêves une réalité.

Je trouve des raisons de rire car je crois que le rire est le meilleur remède. Chaque jour, j'essaie d'intégrer l'humour dans ma vie d'une manière ou d'une autre. Cela m'aide à être plus optimiste pour l'avenir. Lorsque nous rions, cela inhibe les pensées négatives et favorise au contraire les émotions positives. Cela crée un état d'esprit plein d'espoir. En plus de me concentrer sur l'humour, je choisis également de me concentrer sur la gratitude. Lorsque je pense aux choses pour lesquelles je suis reconnaissante, cela m'aide à conserver un état d'esprit optimiste, même lorsque je suis confrontée à des circonstances difficiles.

Chaque soir, avant d'aller me coucher, je prends quelques minutes pour noter dans mon journal de gratitude plusieurs choses dont j'ai été reconnaissante ce jour-là. En faisant cela, je fais de la gratitude une habitude. Certains jours, il est facile de trouver des choses pour lesquelles je suis reconnaissante, tandis que d'autres jours, cela demande un peu plus d'efforts. Mais même les jours les plus difficiles, prendre le temps de réfléchir à ce qui s'est bien passé et à ce dont je suis reconnaissante m'aide à terminer ma journée sur une note positive. La gratitude est l'un des outils les plus simples et les plus puissants dont nous disposons pour créer du bonheur, alors pourquoi ne pas l'intégrer à votre routine quotidienne ?

Je suis responsable de mes pensées. Je me mets au défi de ne croire que ce qui est positif et réaliste. Cela me donne le pouvoir d'être une observatrice consciente de mes pensées. Je pratique la pleine conscience afin de me protéger des pensées négatives ou irréalistes. Lorsque je remarque ces pensées, je prends de grandes respirations et j'expire la négativité. J'inspire la positivité. De cette façon, je comprends clairement les défis auxquels je suis confronté et je sais comment les considérer avec précision. Je suis responsable de mes pensées. Je me mets au défi de ne croire que ce qui est positif et réaliste. Je pratique la pleine conscience afin de me protéger des pensées négatives ou irréalistes. Lorsque je remarque ces pensées, je prends de grandes respirations et j'expire la négativité. J'inspire la positivité. De cette façon, je comprends clairement les défis auxquels je suis confrontée et je sais comment les considérer avec précision.

Je suis honnête avec moi-même afin d'être réaliste. Cela signifie que je suis consciente de mes propres préjugés, défauts et suppositions internes. Avoir une vision claire de moi-même m'aide à décider quels traits de caractère et quelles croyances m'aident et lesquels je dois changer. Je reste simplement concentrée sur moi-même.

Dans cette perspective, je me responsabilise, car un espoir réaliste signifie agir pour atteindre les objectifs que je souhaite, au lieu d'attendre que les bonnes choses m'arrivent. En assumant la responsabilité de mes choix et en croyant en ma propre maîtrise de soi, je suis mieux à même de surmonter mes difficultés. Le moyen le plus sûr de faire de mes objectifs une réalité est de m'améliorer dans l'élaboration de mes plans. Les plans n'ont pas besoin d'être complexes pour être efficaces. En planifiant pour le moment, je suis beaucoup plus susceptible de respecter mon engagement.

Ce qui me prépare à affronter les obstacles, c'est de savoir que la vie n'est pas un long fleuve tranquille. Elle comporte souvent de nombreux revers, mais ma réussite ou mon échec dépendent beaucoup de la façon dont je les gère. J'essaie de rester positive et de chercher des solutions au lieu de m'attarder sur le problème. Cela m'aide à traverser les moments difficiles et à en ressortir plus fort de l'autre côté. Parfois, l'obstacle lui-même peut se transformer en opportunité si j'y suis ouverte. La vie est pleine de surprises, alors je ne perds jamais espoir que les choses s'améliorent. Les personnes qui sont réalistes quant au potentiel de réussite ont plus de succès que celles qui pensent que le succès viendra facilement. Ce n'est donc pas être pessimiste que de penser que les choses peuvent mal tourner, c'est simplement être réaliste.

Les choses tournent mal tout le temps, souvent pour des raisons indépendantes de notre volonté. Le pessimisme amène les gens à croire que les obstacles sont impossibles à surmonter, tandis que l'optimisme réaliste leur permet de voir les solutions potentielles. Lorsque les gens sont pessimistes, ils abandonnent facilement et ne cherchent pas à trouver des moyens d'améliorer leur situation. En revanche, les personnes optimistes pensent de manière plus créative et cherchent des occasions de progresser.

Je me retrouve souvent déçue parce que mes attentes n'ont pas été satisfaites. Afin d'éviter cela, j'examine régulièrement mes attentes pour voir si elles sont réalistes. Si elles ne le sont pas, j'essaie de trouver un moyen de les ajuster pour qu'elles correspondent davantage à ce qui est possible. En outre, j'essaie d'être plus consciente de mes croyances et de mes schémas de pensée. Le pessimisme provient généralement de perspectives négatives. Ainsi, lorsque je me sens pessimiste, je prends du recul et j'analyse la racine de ces émotions.

Je me rappelle que les pensées négatives ne sont pas rationnelles chaque fois que je me surprends à les entretenir ou à avoir une image négative de moi-même. De plus, je m'entoure de personnes optimistes pour rester positive. Rencontrer de nouvelles personnes m'aide parce qu'elles peuvent avoir la même vision de la vie.

J'ai tendance à avoir des pensées pessimistes de temps à autre, mais j'ai appris à remettre en question leur validité. Le plus souvent, ces pensées sont guidées par des sentiments plutôt que par la logique ou la réalité. Le maintien d'un état d'esprit rationnel m'a aidée à voir clair dans ces pensées et à réaliser qu'elles ne sont pas toujours exactes. De plus, le fait de me souvenir de mes succès passés m'a aidée à rester optimiste. Il est facile de se concentrer sur les aspects négatifs de ma vie lorsque je me sens déprimée, mais si je prends le temps de réfléchir aux bonnes choses que j'ai faites, cela m'aide à me sentir mieux dans l'ensemble. Il est important de reconnaître les aspects positifs et négatifs de ma vie pour rester équilibrée et optimiste. Je me rappelle toutes mes réalisations et tous mes accomplissements chaque fois que j'en ressens le besoin. Je pense à tous les obstacles que j'ai déjà surmontés dans ma vie, et je me dis que je peux tout surmonter. Je suis fière de moi d'avoir surmonté ma dépendance affective et d'avoir enfin enlevé ce poids de mes épaules. Chaque jour, je deviens plus forte et je me rapproche de mes objectifs.

La pensée du tout ou rien, peut être négative car elle peut considérer toute erreur comme un échec. Par exemple, les personnes qui pensent tout ou rien, ont une mentalité du type "aime-moi ou déteste-moi", alors qu'en réalité, il est possible d'aimer quelqu'un sans aimer toutes ses habitudes ou qualités. Rien ni personne n'est parfait. Éviter la pensée du tout ou rien, peut aider à mettre les choses en perspective. En recherchant les aspects de ma pensée qui s'inscrivent dans un cadre plus optimiste, je suis capable de remettre en question mon pessimisme. Au lieu de penser en termes de tout ou rien, je me concentre plutôt sur le progrès. Cela m'aide à m'engager davantage à apprendre de mes erreurs tout en tenant compte de mes succès. En outre, je suis toujours prête à accepter que la vie soit imprévisible et incertaine. Pour ce faire, je cherche du soutien, car le fait de se sentir seul et sans soutien est un important déclencheur de pensées pessimistes.

En changeant ma façon de penser de cette manière, je suis mieux à même de faire face aux défis de la vie de façon plus optimiste. Lorsque je me sens négative, je fais appel à un soutien social pour améliorer mon humeur. Il peut s'agir d'un membre de la famille, d'un ami ou de toute autre personne qui peut m'aider à voir les choses de façon plus positive. Je n'hésite pas à demander de l'aide car je sais que cela renforcera mon espoir et mon optimisme. Une chose aussi simple que de parler à un ami peut faire une grande différence dans mon état d'esprit. Si je me sens pessimiste, je me promène dans la nature pour essayer de me reconnecter avec moi-même. Je trouve que cela m'aide à garder une attitude positive.

Ensuite, il m'est plus facile de me concentrer sur les expériences positives et de maintenir une perspective optimiste. Une attitude positive me permet de voir le meilleur dans les situations difficiles et de garder espoir. Cela ne me rend pas nécessairement moins stressée, mais cela me donne les outils pour gérer le stress de manière plus saine. Je peux voir comment cela se manifeste dans ma vie personnelle - je peux facilement gérer le stress et les situations négatives de manière beaucoup plus saine.

Avoir une attitude positive fait toute la différence ! Par exemple, au lieu de craindre le stress comme quelque chose de dévalorisant et de dangereux, je le vois comme un moyen d'atteindre une plus grande fin. Cela me permet de créer des objectifs réalisables fondés sur des rêves, tels que l'établissement de relations plus positives et le renforcement de mon système immunitaire. Par conséquent, ce changement de perspective a eu un impact très positif sur ma vie.

Je trouve mon but et j'accomplis mes objectifs

La fixation d'objectifs est une étape cruciale de toute entreprise réussie. Sans objectif, il est difficile de savoir ce que l'on cherche à atteindre et il est facile de se laisser distraire. Cependant, il ne suffit pas de décider de ce que l'on veut atteindre ; il faut aussi travailler dur pour y parvenir. Pour garder ma motivation, j'utilise un plan simple en plusieurs étapes. En suivant ce plan et en passant à l'action, je suis capable d'atteindre le succès que je souhaite.

- Chaque matin, j'écris mon objectif comme une déclaration d'intention.

Ce simple geste oblige mon subconscient à accepter l'engagement que j'ai pris de travailler pour atteindre mon objectif. En gardant mon objectif au premier plan de mon esprit tout au long de la journée, j'ai plus de chances de l'atteindre.

- Il est important de fixer une date limite pour la réalisation de votre objectif.

Si votre objectif est un défi plus vaste et plus complexe, vous devez le décomposer en petites étapes et fixer une date limite pour chacune d'elles. En inscrivant ces dates importantes dans votre calendrier, vous vous assurerez de rester sur la bonne voie.

- J'adopte une attitude positive à l'égard de tout ce qui se passe dans ma vie, y compris la façon dont je vais atteindre mes objectifs.

Cette approche du "verre à moitié plein" fait désormais partie de mon état d'esprit. Je lis des livres pour m'inspirer, je m'associe à des personnes ambitieuses et j'ai confiance en mes capacités. Dès que j'en ai l'occasion, je m'efforce d'améliorer mon attitude. D'après ce que je vois, c'est le voyage de toute une vie.

- Je développe continuellement mes compétences afin d'être prête à atteindre tout nouvel objectif qui pourrait se présenter.

Qu'il s'agisse de l'apprentissage d'une nouvelle compétence ou d'une forme de développement personnel, j'identifie ce qui est nécessaire et je trouve ensuite la meilleure façon d'acquérir ces connaissances. Je pense qu'investir en soi est toujours une sage décision. En développant continuellement mes compétences, je me prépare à réussir dans toutes mes entreprises futures.

- L'importance de ne pas procrastiner est souvent sous-estimée.

Les gens pensent qu'ils peuvent attendre le moment idéal pour commencer à agir en faveur de leurs objectifs, mais le plus souvent, ce moment n'arrive jamais. Je choisis de commencer à prendre des mesures dès que l'occasion se présente. Ainsi, je peux faire des ajustements en cours de route au lieu d'attendre que tout soit parfait. Si j'attends que les conditions soient parfaites, je n'arriverai jamais à faire quoi que ce soit.

- Je n'abandonne jamais mes objectifs, même s'ils semblent difficiles.

Je considère chaque obstacle comme une occasion d'apprendre et de grandir. Je continue d'avancer jusqu'à ce que j'atteigne mon résultat final. Engagez-vous à faire chaque jour au moins une chose qui vous rapproche de votre objectif, et ne vous arrêtez pas avant de l'avoir atteint. Vous n'avez peut-être pas un chemin direct vers le succès, mais cela ne doit pas vous empêcher d'atteindre vos objectifs. Restez concentré sur l'objectif et restez enthousiaste - vous finirez par l'atteindre.

- Lorsque j'atteins mon objectif, il est important de me récompenser pour cette réussite.

Cela permet d'entraîner le subconscient à se concentrer sur les activités qui produisent des résultats positifs. Une fois que j'ai apprécié ma récompense, je peux fixer mon prochain objectif, en le rendant plus grand et plus stimulant que le précédent. Il est également important que je reste concentrée et que je connaisse, comprenne et suive ces compétences de base pour fixer et atteindre mes objectifs à chaque fois. En me souhaitant « bonne chance » pour les objectifs que je me fixe, je m'assure qu'ils seront atteints dans le plus beau des styles.

• Le moyen le plus simple d'atteindre mes objectifs est de commencer par un premier pas simple.

Je ne rends pas les choses plus difficiles qu'elles ne doivent l'être et j'évite de dresser des obstacles inutiles. En m'efforçant de rendre le chemin vers mes objectifs aussi facile que possible, je peux au moins commencer. Une fois que je suis en route, je peux continuer à avancer.

• Je trouve que la meilleure façon de fixer des objectifs est de déterminer ceux qui sont les plus importants pour moi.

Pour ce faire, je prends une feuille blanche et je trace deux colonnes intitulées "Mon objectif" et "En quoi ma vie sera différente une fois atteint". Cela me permet de vraiment réfléchir à ce que sont mes objectifs et à la façon dont leur réalisation changera ma vie pour le mieux. Cela m'aide également à comprendre les récompenses et les conséquences de la non-réalisation de mon objectif, ce qui est important pour établir des priorités. Grâce à cette compréhension, il est beaucoup plus facile de fixer et d'atteindre des objectifs.

PARTIE III : LES 5 ÉTAPES POUR VAINCRE LA DÉPENDANCE AFFECTIVE

Chapitre 6 : Étape 1 : Prenez conscience de votre dépendance

La conscience de soi est la clé pour vaincre la dépendance.

Pour se libérer de la dépendance, il faut d'abord être conscient de soi-même. Cela signifie être capable de comprendre et de gérer ses émotions. La conscience de soi se présente sous deux formes : interne et externe. La conscience de soi interne consiste à connaître ses pensées, ses sentiments, ses valeurs, ses forces, ses faiblesses, etc. La conscience de soi externe consiste à être conscient de la façon dont les autres vous perçoivent. Les deux formes de conscience de soi sont essentielles pour se rétablir de la dépendance. Ce n'est qu'en se reconnaissant et en se comprenant que l'on peut espérer se libérer du cycle de la dépendance.

Les bienfaits de la prise de conscience

Plus vous vous comprenez, plus vous réalisez que vos choix et vos actions sont basés sur vos pensées, vos sentiments, vos valeurs et vos objectifs. Si vous voulez vous libérer de votre dépendance émotionnelle, il est crucial d'avoir une bonne connaissance de soi. Si vous ne vous comprenez pas, vous ne ressentirez que de la confusion.

Plus vous êtes conscient de vous-même, plus vos fondations sont solides. Vous comprendrez mieux ce qui affecte vos convictions. Chacun a des convictions sur lui-même, sur les autres et sur le monde qui l'entoure ces convictions n'apparaissent pas comme par enchantement. Elles se développent plutôt au fil du temps. La formation des croyances d'une personne est influencée par de nombreux facteurs différents, tels que l'éducation et d'autres expériences de vie. Les personnes qui ont conscience d'elles-mêmes comprennent mieux pourquoi elles croient ce qu'elles font, ce qui peut soit renforcer leurs croyances actuelles, soit conduire à l'élaboration de nouvelles croyances.

Par exemple, de nombreuses personnes ont des préjugés qui peuvent être préjudiciables aux autres et qui les poussent souvent à la dépendance. Cependant, une personne consciente d'elle-même est capable d'examiner ses préjugés d'un œil plus critique et de réaliser qu'il ne s'agit pas d'une réalité immuable. Cela lui donne la possibilité de changer.

Il est important d'avoir conscience de soi car cela vous permet de connaître vos points forts. Cette connaissance est essentielle pour les entretiens d'embauche, car on vous demandera de parler de vos points forts. En outre, en connaissant vos points forts, vous pouvez choisir de vous concentrer sur leur amélioration. Cela permet de maîtriser une compétence et de mieux réussir. Enfin, être conscient de soi signifie que vous êtes également conscient de vos faiblesses. Il est essentiel d'être honnête avec soi-même si l'on veut identifier les domaines dans lesquels on peut s'améliorer. Il peut être difficile de faire face à ses faiblesses, mais c'est essentiel si vous êtes déterminé à vous épanouir. Reconnaître ses défauts est aussi l'occasion de cultiver l'autocompassion. Il s'agit d'une autre habitude importante pour le bonheur. Lorsque vous combinez honnêteté et compassion, reconnaître vos faiblesses ne vous semblera plus aussi intimidant.

Lorsque vous travaillez à améliorer votre esprit critique, vous vous apercevez que vous êtes mieux à même d'analyser les informations de manière objective. Cette compétence est utile dans de nombreuses situations personnelles et professionnelles. Par exemple, le fait d'être conscient de votre propre subjectivité - comme vos sentiments et vos préjugés - vous permet de les contrôler lorsque vous prenez des décisions.

En outre, une bonne prise de décision requiert un certain nombre de compétences, dont vous disposez déjà si vous êtes conscient de vous-même. Ainsi, le fait d'aiguiser votre esprit critique peut vous permettre de prendre de meilleures décisions en général. Avoir conscience de soi signifie être familier avec l'analyse et la pensée critique. L'analyse vous aide à comprendre vos propres pensées et sentiments, tandis que la pensée critique est essentielle pour prendre les meilleures décisions possibles. La connaissance de vos propres forces et faiblesses est également utile, car elle peut vous guider vers une décision qui vous convient le mieux. En développant une plus grande conscience de soi, vous pouvez vous préparer à réussir dans tous les domaines de votre vie.

En étant plus conscient de vous-même, non seulement vous serez un meilleur auditeur, mais vous ferez travailler les mêmes muscles que ceux nécessaires à l'écoute active. La plupart des gens n'écoutent qu'à moitié l'orateur et à moitié leurs propres pensées, en préparant une réponse. Ceux qui n'ont pas conscience d'eux-mêmes sont souvent les pires auditeurs, car ils ne peuvent pas comprendre leurs propres pensées et sentiments, sans parler des autres. Les personnes qui ont conscience d'elles-mêmes sont d'excellents auditeurs, car elles peuvent détecter les déclencheurs émotionnels et les préjugés qui influencent la communication.

Par conséquent, être plus conscient de soi est la clé pour devenir un excellent auditeur. Si vous avez du mal à contrôler vos émotions, l'autorégulation peut être un cadre utile pour vous. L'autorégulation est différente de la maîtrise de soi, que beaucoup interprètent comme la répression des émotions. L'autorégulation consiste d'abord à comprendre vos émotions et ce qui les déclenche. Une fois que vous avez une meilleure compréhension de vous-même, il devient plus facile de prendre des décisions comme éviter certains déclencheurs. Si vous avez du mal à gérer vos réactions et que vous vous sentez submergé par des sentiments intenses, l'autorégulation peut vous aider à acquérir un meilleur sentiment de contrôle.

Si vous voulez être plus compréhensif et compatissant envers les autres, commencer par en apprendre davantage sur vous-même est un excellent point de départ. Lorsque vous maîtrisez mieux vos propres émotions, il vous est plus facile de voir comment vos actions peuvent affecter ceux qui vous entourent. Vous devenez également un meilleur auditeur, ce qui vous permet de vraiment entendre ce que disent les autres et de comprendre leur point de vue. Grâce à ces compétences, vous pouvez non seulement établir plus facilement des relations avec les autres, mais aussi devenir un leader plus efficace. En fin de compte, la conscience de soi conduit à un plus grand sens de l'empathie, ce qui peut être bénéfique à la fois pour vous-même et pour votre entourage.

Comment cultiver la conscience de soi ?

Que savez-vous vraiment de vous-même ? La plupart des gens traversent la vie sans prendre le temps d'apprendre à se connaître en profondeur. Pourtant, plus vous en saurez sur qui vous êtes, mieux vous serez équipé pour gérer vos pensées, vos émotions et vos comportements. Une façon d'apprendre à mieux vous connaître est d'explorer vos pensées et vos sentiments ouvertement et honnêtement. N'ayez pas peur d'examiner les parties de vous-même que vous n'aimez peut-être pas. Reconnaître et accepter tous les aspects de votre personnalité est une étape importante dans le cheminement vers la connaissance de soi. Au lieu de construire des murs pour vous empêcher d'entrer, laissez tomber vos défenses et permettez-vous de grandir et de changer.

S'accrocher à un jugement et se protéger peut sembler naturel, mais cela pourrait vous empêcher de développer une conscience de soi. Pour commencer à vous voir différemment, vous devez être prêt à laisser tomber votre attitude défensive et à vous ouvrir à la critique. Cela signifie que vous devez accepter de ne pas toujours apparaître sous un jour positif. Il peut être difficile de remettre en question l'image que vous aviez de vous-même, mais cela fait partie intégrante de la croissance. Lâcher prise sur ce qui est confortable est effrayant, mais cela peut être la clé d'une meilleure compréhension de vous-même.

Un journal peut s'avérer très utile lorsque vous essayez d'être plus attentif, car il vous permet de suivre vos progrès. Tout au long de la journée, notez ce que vous ressentez et ce qui a pu provoquer ces émotions. Si vous ressentez des émotions négatives, essayez d'en déterminer la cause afin d'éviter ces déclencheurs à l'avenir. Pour les émotions positives, le fait de vous demander ce qui les a déclenchées peut vous aider à identifier les activités ou les situations qui vous rendent heureux afin que vous puissiez les pratiquer davantage. Ce processus nécessite une certaine introspection et une bonne connaissance de soi, mais il peut s'avérer très utile pour mener une vie plus attentive.

Si vous souhaitez être plus conscient de vous-même et du monde qui vous entoure, la pleine conscience est un bon point de départ. Cependant, il est important de se rappeler qu'il faut du temps et de la pratique pour développer une plus grande conscience. Pour commencer, essayez de faire l'inventaire de votre personnalité et de vos valeurs, de vous défaire de vos schémas de pensée négatifs et de trouver des moyens d'apporter plus d'équilibre dans votre vie quotidienne. Avec un peu d'effort, vous serez sur la voie d'une existence plus consciente.

Chapitre 7 : Étape 2 : L'amour de soi : c'est nécessaire

Avoir une vision positive de soi-même présente de nombreux avantages. Elle peut améliorer votre humeur, votre bien-être mental et votre qualité de vie en général. En outre, reconnaître votre niveau unique d'estime de soi peut vous aider à trouver un équilibre qui vous convient. S'accepter soi-même signifie accepter ses émotions et donner la priorité à son bien-être physique, émotionnel et mental. L'ensemble de ces éléments crée une base d'amour de soi.

L'amour de soi est important pour prendre soin de soi, tant sur le plan physique qu'émotionnel. Cela signifie avoir une grande considération pour son propre bien-être et s'assurer de faire passer ses besoins en premier. Il s'agit d'être honnête avec soi-même, de fixer des limites et de se pardonner ses erreurs. Plus important encore, l'amour de soi consiste à se traiter avec gentillesse et respect. Lorsque vous vous aimez, vous êtes mieux à même de faire face aux difficultés de la vie et des relations. L'amour de soi est donc essentiel pour vivre une vie heureuse et épanouie.

Le discours négatif sur soi peut être difficile à surmonter, mais il est important d'essayer. Pourquoi ? Parce que la façon dont vous vous parlez à vous-même a une incidence sur l'image que vous avez de vous-même. Si vous vous dépréciez constamment, il vous sera difficile de voir ce qui est bon en vous. Concentrez-vous plutôt sur les aspects positifs de votre vie. Oui, de mauvaises choses arrivent, mais il y a aussi de bonnes choses. En vous concentrant sur les aspects positifs, vous vous verrez sous un meilleur jour et comprendrez que vous êtes capable d'apporter des changements positifs dans votre vie. Ne vous attardez donc pas sur les aspects négatifs - cherchez les aspects positifs et concentrez-vous sur eux.

Reconnaissez vos pensées négatives à votre égard, puis faites consciemment une nouvelle déclaration dans un sens plus positif. Lorsque vous vous sentez stupide, il est plus probable que vous manquez de connaissances sur quelque chose. Ainsi, au lieu de vous rabaisser, dites-vous que : "je ne sais pas comment faire cet entretien de base de la maison. Je pourrais peut-être suivre un cours et apprendre à le faire à l'avenir".

Vous reformulez ainsi votre scénario interne sous un angle positif, ce qui peut contribuer à augmenter votre estime de soi. En changeant la façon dont vous pensez, vous pouvez changer la façon dont vous vous sentez, ce qui peut conduire à de meilleurs résultats dans la vie en général. Si vous vous surprenez à avoir des pensées négatives sur vous-même après avoir commis une erreur, il est important de vous arrêter et de recadrer ces pensées.

Par exemple, si vous avez oublié d'envoyer un courriel important lié au travail, au lieu de penser "Je suis tellement stupide ! Comment ai-je pu faire cela ?", dites-vous : "Je me sens stupide en ce moment parce que j'ai oublié d'envoyer cet e-mail."

Quand j'étais enfant, lorsque j'oubliais de faire certaines choses, mon père me disait que j'étais stupide. Ce sont ses mots, pas les miens, dans ma tête. Alors, dites-vous : « Je comprends parfaitement que l'erreur humaine peut arriver à n'importe qui et je m'excuse profondément de ne pas avoir envoyé le courriel en premier. Je m'assurerai de m'écrire un rappel à l'avenir afin que cela ne se reproduise pas. Veuillez me pardonner et sachez que cela ne se reproduira plus à l'avenir. Je vous remercie de votre compréhension. »

En reconnaissant vos sentiments et en recadrant vos pensées, vous vous aiderez à vous sentir mieux et à être plus productif à l'avenir.

Une excellente façon de pratiquer l'amour de soi est de dresser une liste de vos attributs positifs et d'y réfléchir quotidiennement. Cela peut être difficile pour quelqu'un qui a l'habitude de penser négativement à lui-même, mais essayez de trouver une chose positive sur vous-même à ajouter à la liste une fois par semaine. À la fin de chaque journée, prenez le temps de réfléchir à l'ensemble de votre liste. Veillez à ce que votre liste soit très précise. Au lieu d'utiliser des adjectifs généraux pour vous décrire, essayez d'énumérer des actions ou des attributs spécifiques qui décrivent qui vous êtes et ce que vous faites.

En faisant cet exercice régulièrement, vous commencerez à avoir une vision plus positive de vous-même et de vos réalisations. Être généreux ne signifie pas seulement donner des biens matériels aux autres. Il s'agit plutôt de faire preuve d'attention et de sollicitude envers les autres de différentes manières. Par exemple, prendre le temps d'écouter un ami qui traverse une période difficile ou offrir des mots d'encouragement peut être tout aussi utile que de donner un cadeau matériel. L'important est que vos actions soient sincères et empreintes de compassion. En relisant votre liste de qualités, rappelez-vous que chacune d'entre elles est une partie importante de ce qui fait de vous une personne précieuse et digne de respect et d'amour. Il n'y a pas de mal à passer du temps à réfléchir sur soi-même et sur sa vie en fait, c'est nécessaire pour une croissance personnelle saine.

Accordez-vous le temps et l'espace nécessaires pour apprécier tous les aspects positifs de votre personnalité. Il est essentiel de réserver du temps pour prendre soin de soi et d'apprendre à s'aimer. Vous constaterez peut-être qu'en prenant soin de vous, vous aurez plus d'énergie et de temps pour aider les autres. L'amour de soi consiste en partie à s'offrir quelque chose de spécial lorsque l'on atteint un objectif. Qu'il s'agisse d'une soirée tranquille passée à lire votre livre préféré ou d'un dîner luxueux, donnez-vous la permission de profiter des fruits de votre travail. Se récompenser est l'un des meilleurs aspects de l'amour de soi, alors veillez à célébrer vos réalisations d'une manière qui vous fasse du bien. Il y a beaucoup de choses que vous pouvez faire pour vous montrer un peu d'amour-propre. Vous pouvez vous acheter un nouveau livre ou un jeu vidéo, prendre une longue douche ou un bain moussant, aller pêcher seul ou vous faire masser.

Il est important d'avoir un plan pour faire face aux revers ou à la négativité. Vous devez remarquer ce qui vous fait dévier de votre trajectoire actuelle d'amour de soi et décider de la façon de gérer ces choses. Rappelez-vous que vous ne pouvez pas contrôler les paroles et les actions des autres, mais que vous pouvez contrôler vos réponses et vos réactions. Si vous vous sentez régulièrement négatif après des interactions avec certaines personnes, tels que votre mère ou votre patron, essayez d'en déterminer la raison et identifiez comment vous allez faire face aux pensées négatives que vous avez. Cela peut impliquer de vous donner du temps pour vous détendre et recadrer votre réaction négative par des rappels positifs de votre valeur personnelle. Vous pouvez le faire en répétant quotidiennement des affirmations positives. Reconnaissez vos sentiments, mais ne les laissez pas vous contrôler.

Rappelez-vous que vous êtes maître de votre propre bonheur. Si vous avez un problème avec votre mère ou votre patron, essayez d'en déterminer la raison. Déterminez comment vous allez faire face aux pensées négatives que vous avez. Il peut s'agir de vous accorder un peu de temps pour vous détendre et recadrer votre réaction négative par des rappels positifs de votre valeur personnelle. Vous pouvez le faire en répétant quotidiennement des affirmations positives. Reconnaissez vos sentiments, mais ne les laissez pas vous contrôler. Rappelez-vous que vous êtes maître de votre bonheur. Pour promouvoir l'amour de soi, il est important de trouver des pensées positives qui vous font vous sentir bien, et de les répéter quotidiennement. Au début, cela peut sembler bizarre ou ringard, mais cette habitude fera en sorte que les pensées positives s'incrustent dans votre esprit, et finalement vous commencerez à y croire.

Voici quelques exemples d'affirmations positives qui favorisent l'amour de soi : "Je suis un individu entier et digne", "Je me respecte, me fais confiance et m'aime". En répétant régulièrement ces pensées positives, vous finirez par y croire et par ressentir davantage d'amour de soi. Quelles réponses négatives avez-vous aux affirmations positives ? Si vous vous surprenez à avoir des pensées négatives en répétant des affirmations, réfléchissez à qui peut déclencher ces pensées. Identifiez les personnes pour lesquelles il est difficile de ressentir un amour inconditionnel. Envers qui éprouvez-vous des sentiments positifs ? Gardez à l'esprit la personne dont vous voulez ressentir l'énergie positive pendant que vous répétez vos affirmations. Remplissez-vous de positivité en disant les affirmations à haute voix ou pour vous-même, en imaginant la personne que vous voulez influencer dans votre esprit. De même, imaginez-vous en train de réussir lorsque vous prononcez les affirmations. Pratiquez cette méthode régulièrement et, bientôt, vous serez en mesure d'attirer facilement des personnes et des circonstances positives dans votre vie.

En vous concentrant sur la positivité des affirmations au lieu de tout ce qui est négatif, vous sentirez la positivité vous envahir. En faisant cela, vous enverrez également de la positivité de vous-même dans le monde. Commencez par vous soutenir avec des affirmations positives et respirez profondément en vous les répétant :

- J'espère réaliser mes rêves, vivre heureux et en paix.
- Mon espoir est d'aimer les autres de tout mon cœur.
- Je veux que ma famille et moi soyons à l'abri du danger.
- Je veux que les personnes qui me sont chères vivent une vie longue, prospère et en bonne santé.
- J'apprends à me pardonner mes erreurs et à pardonner aux autres. Tout le monde fait des erreurs, et il est important de réaliser que nous sommes tous humains.

Vous devez faire des choses qui vous font vous sentir bien. Cela inclut le fait de se sentir bien physiquement, émotionnellement et spirituellement. Ce qui vous fait du bien peut être différent pour chacun, mais certaines activités qui vous font du bien sont l'exercice, la méditation, la danse et la tenue d'un journal de positivité.

Trouvez une routine qui vous convient et respectez-la. Consacrez du temps à des activités que vous aimez faire seul ou sortez et offrez-vous quelque chose d'amusant, comme une sortie au cinéma ou dans votre restaurant préféré. Faire des choses qui vous font du bien est important pour maintenir un mode de vie sain et équilibré. Il est important de se rappeler que le fait de passer du temps seul n'est pas égoïste, mais essentiel pour prendre soin de soi. Veillez à utiliser une partie de ce temps pour des choses qui vous font plaisir !

Pensez aux avantages que vous pourriez retirer de la pratique de l'amour de soi. Lorsque vous faites l'effort de vous montrer de l'amour et de l'affection, vous pouvez constater un regain d'énergie, une amélioration de vos relations avec les autres et un plus grand sentiment de contrôle sur votre vie. Assurez-vous de réserver du temps chaque jour ou chaque semaine pour vous dorloter de toutes les façons qui vous rendent heureux et détendu. Vous le méritez bien !

Il est essentiel de connaître les dangers d'un manque d'amour de soi, car cela peut conduire à faire des choix néfastes. Un manque d'amour de soi se traduit souvent par une faible estime de soi, qui conduit à un auto-sabotage conscient ou inconscient. Cela empêche ensuite les individus de faire ce qu'ils doivent faire pour eux-mêmes. En outre, le manque d'amour de soi peut conduire à dépendre des autres pour être validé au lieu de s'écouter soi-même. Les personnes qui ne s'aiment pas ont également du mal à guérir et à progresser sur le plan émotionnel. Par conséquent, il est très important d'être conscient des dangers de ne pas s'aimer soi-même. Il est important de comprendre comment les influences extérieures peuvent affecter votre amour-propre. Vous serez inévitablement confronté à la négativité de votre partenaire, de votre patron, de vos parents, voire d'inconnus. Mais vous pouvez choisir de laisser cette négativité vous envahir sans qu'elle n'affecte votre estime de soi. Donnez-vous les moyens de faire face à ces commentaires extérieurs d'une manière qui ne porte pas atteinte à votre amour-propre. Apprendre à le faire, peut être difficile, mais c'est une compétence importante à cultiver.

Une vision positive de soi-même entraîne de nombreux avantages, notamment des prises de décision judicieuses, des relations plus saines et un meilleur bien-être émotionnel et physique. Les personnes qui s'aiment comprennent leur potentiel et sont généralement plus motivées pour relever de nouveaux défis. L'amour de soi permet également aux gens d'avoir une compréhension réaliste de leurs compétences et de leurs capacités, ce qui les amène à se fixer des attentes appropriées pour eux-mêmes. En outre, les personnes qui ont une relation saine avec elles-mêmes sont généralement plus aptes à exprimer leurs besoins. Les personnes qui ont une faible estime d'elles-mêmes peuvent ne pas avoir beaucoup de confiance en elles. Elles peuvent douter de leurs capacités et de leurs décisions. Par conséquent, elles peuvent ne pas être motivées pour essayer de nouvelles choses parce qu'elles pensent qu'elles vont échouer. Une faible estime de soi peut également avoir un effet négatif sur les relations personnelles et rendre difficile l'expression des besoins. Enfin, les personnes ayant une faible estime d'elles-mêmes se sentent souvent indignes et peu aimables.

Il est important de vivre dans le présent et de ne pas s'attarder sur les expériences négatives du passé :

- Exprimez vos besoins
- Gardez confiance en vous
- Regardez le bon côté des choses
- Soyez capable de dire non
- Prenez conscience de vos défauts et de vos atouts

Une bonne estime de soi est essentielle pour mener une vie heureuse et réussie. Les personnes qui ont une bonne estime de soi savent qu'elles sont capables d'atteindre leurs objectifs, et cette confiance les motive à passer à l'action et à atteindre ces objectifs. En outre, une bonne estime de soi permet aux personnes de fixer des limites appropriées dans leurs relations. Elles sont capables de maintenir une relation saine avec elles-mêmes et avec les autres parce qu'elles connaissent leur valeur et ne permettent pas aux autres de les traiter d'une manière non respectueuse. Il est clair que l'estime de soi n'est pas simplement une attitude à l'égard de ses compétences et de ses capacités, mais qu'elle est un ingrédient clé du bonheur et de la réussite dans la vie. S'accepter, se faire confiance et avoir le sentiment de maîtriser sa vie sont autant de signes de confiance en soi. Les personnes qui ont confiance en elles connaissent leurs forces et leurs faiblesses et ont une vision positive d'elles-mêmes. Elles se fixent des attentes et des objectifs réalistes, communiquent avec assurance et peuvent supporter la critique. Tous ces facteurs se conjuguent pour créer une personne équilibrée qui a confiance en ses capacités.

Une façon importante de vous montrer de l'amour est de vous comporter envers vous-même de la même façon que vous vous comporteriez envers une autre personne à laquelle vous tenez profondément. Cela signifie être patient, gentil, doux et compatissant avec soi-même. Il peut être facile d'être dur avec soi-même et de s'enfermer dans un discours négatif, mais si nous pouvons nous rappeler de nous traiter avec la même attention et la même compréhension que nous offririons à un bon ami, cela fera toute la différence.

Chapitre 8 : Étape 3 : Créez un équilibre dans vos relations avec les autres

Une alimentation équilibrée est essentielle pour que le corps physique fonctionne correctement et reste en bonne santé. De la même manière, avoir une relation équilibrée est essentiel au bien-être émotionnel et mental.

Lorsque nous commençons à parler de relations, tout semble parfait. Nous sommes tellement amoureux que nous consacrons tout notre temps à faire fonctionner notre relation. Cependant, avec le temps, les choses peuvent changer. Bien que cela puisse être un défi, avoir une relation équilibrée n'est pas un exploit impossible. Ce qu'il faut, c'est de la patience et le mélange de différents ingrédients aux moments opportuns. Vous ne pouvez jamais consacrer trop de temps à une chose ni trop peu de temps à une autre. Car apprendre à maintenir l'équilibre est la clé d'une relation saine dans laquelle les deux partenaires se sentent satisfaits et soutenus.

Si vous voulez avoir une vie gratifiante et insouciante, il est essentiel d'avoir une relation équilibrée. Au début d'une relation, tout est nouveau et excitant. Les couples sont follement amoureux l'un de l'autre et sont impatients de créer des souvenirs durables ensemble. La clé d'une relation forte et durable est l'équilibre : les deux partenaires doivent avoir le sentiment que leur vie s'est améliorée depuis qu'ils sont ensemble. Lorsque cette base est établie, elle constitue un socle solide pour une vie de bonheur. Une relation saine est une relation dans laquelle les deux partenaires ont le sentiment d'apporter une valeur ajoutée à la vie de l'autre. Cela signifie que vous investissez tous deux votre temps et votre énergie pour que l'autre soit heureux et se sente en sécurité. Lorsque les deux partenaires ont ce sentiment, cela crée un lien fort qui peut résister à toutes les tempêtes.

Les relations sont construites sur des compromis. Cela peut sembler mauvais, mais c'est en fait une bonne chose. Il est important de se rappeler que lorsque vous êtes dans une relation, vous ne vous occupez pas seulement de votre propre vie. Vous êtes également responsable de la vie de l'autre personne, ainsi que de la vie que vous partagez ensemble. Apprendre à jongler avec toutes ces responsabilités peut être difficile, mais c'est un élément essentiel de toute relation saine. Être célibataire présente de nombreux avantages. Par exemple, lorsque vous êtes célibataire, vous ne devez-vous soucier que de vous-même.

Tout est plus simple parce que vous n'avez pas à penser à quelqu'un d'autre que vous-même. Si vous voulez une pizza pour le déjeuner, vous pouvez vous en procurer une sans avoir à tenir compte de l'opinion de quelqu'un d'autre. Les relations changent la façon dont vous abordez les activités. Tout à coup, vous ne pouvez pas simplement faire des plans et partir - vous devez d'abord consulter votre partenaire. Cela peut être une excellente occasion d'essayer de nouvelles choses, même si elles sont en dehors de votre zone de confort. Après tout, les compromis sont essentiels dans une relation saine. Alors allez-y et proposez ce voyage en camping - qui sait, votre partenaire pourrait vous surprendre !

Lorsque vous faites des compromis dans une relation, cela ne signifie pas que vous devez mettre vos propres désirs et besoins de côté. Si vous le faites, vous perdrez le respect de vous-même et ne serez pas en mesure de vous investir dans la relation. Le compromis consiste à trouver une nouvelle voie ensemble qui vous satisfait tous les deux, souvent de manière inattendue. En faisant des compromis, vous montrez à votre partenaire que vous êtes prêt à travailler ensemble pour trouver une solution qui vous convient à tous les deux. De plus, lorsque vous êtes capable de faire des compromis, cela peut contribuer à renforcer la confiance et le respect entre vous et votre partenaire.

Pour qu'une relation soit équilibrée, il est essentiel que la confiance, l'honnêteté, le respect et la loyauté règnent entre les partenaires. Une bonne communication est également essentielle à la réussite d'une relation. Si les deux partenaires se sentent égaux et sont traités comme tels, cela aidera la relation à rester équilibrée. En outre, il est important que les couples aient une certaine indépendance et ne dépendent pas trop l'un de l'autre. La présence de ces éléments dans une relation contribue à la maintenir saine et équilibrée. Une relation exige que deux personnes s'engagent l'une envers l'autre et qu'elles soient prêtes à respecter la vie privée de l'autre. Les relations ne sont pas faciles et nécessitent beaucoup d'efforts de la part des deux partenaires pour les entretenir. Une relation réussie est une relation dans laquelle les deux partenaires sont capables de trouver un équilibre entre ce qu'ils donnent et ce qu'ils reçoivent, en veillant à ce que les deux partenaires se sentent heureux et épanouis.

Comment maintenir une relation équilibrée ?

Pour qu'une relation soit équilibrée et saine, les deux parties doivent se sentir à l'aise pour partager ouvertement leurs émotions l'une avec l'autre. Si l'une ou l'autre personne ne se sent pas capable de le faire ou ne veut pas le faire, cela créera un déséquilibre qui peut éventuellement mener à l'effondrement de la relation. Voici comment faire pour garder l'équilibre au sein d'une relation :

Le maintien de la communication est essentiel au bon fonctionnement de toute relation équilibrée, que ce soit entre amis, en famille ou entre partenaires. Elle permet à toutes les parties de se connecter à un niveau plus profond et de satisfaire des besoins spécifiques. Une relation déséquilibrée implique une mauvaise communication, où une seule personne parle. Il en résulterait une mauvaise compréhension de ce que l'autre personne pense ou ressent. Le maintien d'un flux constant de communication permet aux personnes de mieux se comprendre et de renforcer la relation dans son ensemble.

Lorsqu'il s'agit de votre partenaire, vous devez avoir le courage de vous exprimer sans vous retenir. Soyez ouvert et clair sur vos sentiments. De même, votre partenaire doit vous écouter sans distraction. N'ayez pas peur d'être vulnérable avec votre partenaire - le but d'une relation équilibrée est d'avoir quelqu'un avec qui partager votre vie. Si votre relation semble déséquilibrée, cela peut être dû à un manque de communication. En étant honnête et en partageant ouvertement vos sentiments avec l'autre, vous pouvez créer une relation plus équilibrée et plus épanouissante.

Un aspect important d'une relation saine est le respect de la vie privée de l'autre. Il est important de se rappeler que votre partenaire est une personne à part entière, avec sa propre vie et ses propres besoins, indépendamment de vous. Ce n'est pas parce que vous êtes en couple qu'il vous doit tout son temps et toute son attention. Respectez son besoin d'espace et essayez de ne pas envahir sa vie privée pour attirer son attention. Vous contribuerez ainsi à créer un lien solide fondé sur le respect mutuel.

Chacun a le droit d'avoir sa propre opinion, et deux personnes ne seront jamais d'accord sur tout. C'est ce qui rend les relations si intéressantes - le mélange de bons moments et de désaccords. Une relation n'est pas terne ou ennuyeuse, elle est pleine de vie parce qu'elle implique deux personnes ayant des comportements et des personnalités uniques. Il est important de se rappeler que l'autre personne est différente de vous, et ce n'est pas grave ! Les désaccords font partie intégrante de toute relation, alors acceptez-les au lieu de les fuir.

Il y aura des moments où votre partenaire prendra des décisions avec lesquelles vous ne serez pas d'accord. Il est important de respecter ses souhaits et de ne pas en faire tout un plat. Même si vous pensez qu'il prend la mauvaise décision, c'est à lui de choisir. Vous ne pourrez peut-être pas toujours les empêcher de prendre de mauvaises décisions, mais vous ne pouvez pas tout contrôler Il est important de soutenir votre partenaire, surtout lorsqu'il est confronté à des choix difficiles. Évitez de lui faire porter le chapeau si les choses tournent mal, mais essayez de travailler ensemble pour trouver une solution.

N'oubliez pas que vous formez une équipe et que vous devez travailler ensemble dans les bons et les mauvais moments. Soyez compréhensif et compatissant l'un envers l'autre et vous serez en mesure de surmonter toutes les tempêtes. La confiance est l'un des ingrédients clés de la construction d'une relation solide. Vous et votre partenaire devez vous efforcer d'être honnêtes l'un envers l'autre à tout moment. De cette façon, il n'y a pas de place pour le doute ou la méfiance. Même s'il semble s'agir d'un petit mensonge, il peut avoir un impact important sur votre relation. Une fois que vous êtes pris dans un mensonge, il devient très difficile pour votre partenaire de vous faire à nouveau confiance. Essayez donc toujours de faire ce que vous dites et de tenir vos promesses.

S'il est sain de compter sur le soutien de son partenaire, il est important de conserver un certain niveau d'indépendance dans la relation. Cela permet de maintenir l'équilibre de la relation et d'éviter que l'un ou l'autre ne se sente dépassé ou considéré comme acquis. Bien sûr, la raison pour laquelle nous entrons dans une relation est en partie d'avoir quelqu'un sur qui s'appuyer dans les moments difficiles. Mais il est tout de même important d'être autonome et de pouvoir prendre soin de soi, tant sur le plan émotionnel que physique. En trouvant un équilibre sain entre dépendance et indépendance, vous pouvez faire en sorte que votre relation reste forte et solidaire.

Il est important d'être fidèle à soi-même car les relations sont fondées sur la confiance et la compréhension mutuelle. Lorsque nous cachons notre véritable identité à notre partenaire, cela crée une barrière à l'intimité et à la connexion. Au lieu de cacher qui vous êtes, essayez d'être ouvert et honnête avec votre partenaire. Cela ne signifie pas que vous devez partager tous les détails intimes de votre vie, mais que vous devez être authentique dans vos communications. N'ayez pas peur d'être vous-même, y compris les aspects moins parfaits de votre personne. Nous avons tous des choses dont nous ne sommes pas fiers, mais les cacher ne fait que créer de la distance dans nos relations.

Dans une relation saine, les deux partenaires se sentent libres de s'exprimer ouvertement et honnêtement. Ils tiennent compte des sentiments de l'autre lorsqu'ils prennent des décisions, mais ils respectent également le besoin d'indépendance de l'autre. Une communication efficace est essentielle pour maintenir l'équilibre entre donner et recevoir. Chaque personne doit se sentir à l'aise pour partager ses besoins, ses désirs et ses projets d'avenir avec son partenaire. Ce n'est qu'à cette condition que les deux personnes se sentiront réellement soutenues et connectées dans leur relation.

Le véritable amour exige que les deux partenaires se sentent à l'aise l'un avec l'autre et qu'ils travaillent ensemble pour maintenir un équilibre. Cela signifie qu'aucun des partenaires ne doit avoir l'impression d'avoir plus de contrôle que l'autre. Pour que l'amour reste vivant dans une relation, les deux partenaires doivent être dévoués et honnêtes l'un envers l'autre. En outre, la communication est essentielle pour que les deux partenaires se sentent appréciés et respectés. Sans ces éléments, il sera difficile pour un couple de maintenir une relation saine et durable.

Chapitre 9 : Étape 4 : Pratiquez l'autorelaxation !

Il est essentiel de développer des habitudes saines qui vous permettront de mieux vous connaître. Cela vous aidera à diminuer votre niveau d'anxiété grâce à des techniques de relaxation telles que des exercices de respiration anti-stress. Vaincre votre dépendance émotionnelle est essentiel pour diminuer le stress, qui est nocif pour votre organisme. Le fait d'être dépendant sur le plan émotionnel crée beaucoup de stress, ce qui déclenche la libération d'hormones nocives dans votre corps. Il est donc crucial d'apprendre à gérer ses émotions de manière saine.

Si vous vous sentez anxieux ou stressé, sachez qu'il est important de pratiquer la relaxation afin de retrouver le calme intérieur. La relaxation est une méthode qui consiste à contrôler consciemment le tonus physique et mental afin de calmer les tensions internes et de consolider l'équilibre mental. Lorsque vous sentez votre rythme cardiaque s'accélérer, votre respiration s'accélérer ou vos muscles se contracter, prenez un moment pour vous concentrer sur la relaxation et le contrôle de la respiration. Avec de la pratique, vous serez en mesure de trouver le calme intérieur en toute situation.

Les techniques de relaxation offrent de nombreux avantages tels que la réduction du stress, la gestion des émotions, l'amélioration du sommeil et le soulagement des tensions musculaires. Dans notre société où tout va très vite, prendre le temps de se détendre peut vous aider à vous ressourcer et à retrouver un sentiment de bien-être. La relaxation est un outil qui peut vous aider à vous sentir mieux, tant physiquement que mentalement. Si vous vous sentez dépassé ou stressé, essayez d'intégrer des techniques de relaxation à votre routine quotidienne.

Il est nécessaire de comprendre d'où proviennent les tensions de votre corps avant d'apprendre à vous détendre et de choisir les méthodes de relaxation les plus adaptées. Les tensions peuvent se situer au niveau des articulations, des muscles striés, des muscles lisses (comme le cœur) ou du système digestif. La relaxation vous permet d'écouter votre corps et d'identifier d'où viennent les tensions au fur et à mesure de votre pratique. L'exécution d'une des nombreuses techniques de relaxation vous aidera à augmenter votre niveau de bien-être en libérant les tensions quotidiennes et en calmant votre corps et votre esprit.

Les exercices de respiration

Respirer est quelque chose que nous faisons sans réfléchir - c'est une nécessité pour la vie. Lorsque nous inspirons, nos cellules sanguines reçoivent de l'oxygène et rejettent du dioxyde de carbone. Le dioxyde de carbone est un déchet transporté par notre corps et expiré. Cependant, une mauvaise respiration peut perturber l'échange d'oxygène et de dioxyde de carbone, et contribuer à l'anxiété, aux crises de panique, à la fatigue et à d'autres problèmes physiques et émotionnels. Si vous vous sentez anxieux, il existe une variété d'exercices de respiration que vous pouvez essayer pour vous aider à vous calmer. La prochaine fois que vous vous sentirez stressé, essayez l'une de ces 5 techniques.

1.   La respiration profonde

Il peut être utile de faire un exercice de respiration matinale avant de commencer la journée. Il peut aider à soulager certaines raideurs musculaires et vous aider à commencer la journée en vous sentant plus calme. Essayez-le et voyez comment vous vous sentez !

- Penchez-vous légèrement vers l'avant, et laissez tomber vos bras devant vous. Conservez les genoux légèrement pliés.

- Inspirez et expirez profondément, puis revenez à la position debout, et redressant le buste, puis la tête.

- Maintenez votre respiration pendant quelques instants.

- Expirez en revenant à la première position, en laissant tomber vos bras vers l'avant.

2.   Respiration à lèvres pincées

Les avantages de la respiration à lèvres pincées sont multiples. Non seulement elle vous aide à contrôler votre souffle et à respirer plus lentement, mais elle rend également votre respiration plus efficace. En expirant délibérément à travers les lèvres pincées, vous vous forcez à expirer complètement, ce qui vous aide à vous débarrasser de tout air résiduel dans vos poumons. Cette technique peut également contribuer à réduire l'essoufflement et à prévenir l'hyperventilation.

- Détendez votre corps.

- Inspirez par le nez pendant trois secondes tout en gardant la bouche fermée.

- Expirez cette fois-ci par la bouche, pendant environ 4 secondes.

- Durant cette expiration, conservez une respiration calme et régulière.

3. Respiration par résonance

La respiration résonante, également appelée respiration cohérente, est un outil puissant pour calmer l'esprit et le corps. Lorsque nous sommes dans un état d'anxiété, notre respiration est superficielle et irrégulière, mais lorsque nous pratiquons la respiration résonante, nous ralentissons notre respiration et la rendons régulière et profonde. Cela a un effet calmant sur le système nerveux, ce qui aide à prévenir une crise d'angoisse. En outre, la respiration résonnante permet d'améliorer la concentration et la focalisation, et peut même améliorer la qualité du sommeil. Si vous vous sentez anxieux ou stressé, essayez de passer quelques minutes par jour à pratiquer la respiration résonante. Vous serez surpris de voir à quel point cela peut vous aider.

Il y a quelques étapes simples à suivre pour pratiquer la respiration résonnante. Tout d'abord, trouvez une position confortable. Vous pouvez vous asseoir ou vous allonger, selon ce qui est le plus confortable pour vous. Ensuite, placez vos mains sur votre ventre, juste sous votre nombril. Inspirez lentement et profondément par le nez, en laissant votre ventre se gonfler. Lorsque vous expirez, laissez votre ventre retomber vers votre colonne vertébrale. Répétez ce processus pendant plusieurs minutes, en vous concentrant sur votre respiration et en laissant partir toutes les autres pensées qui vous viennent à l'esprit. Avec une pratique régulière, vous constaterez les bienfaits de la respiration résonante sur votre santé et votre bien-être général.

4.   La respiration du yoga ou respiration océanique

Lorsque vous êtes stressé, vous respirez probablement trop vite. Cela peut faire augmenter le taux de dioxyde de carbone dans le sang, ce qui perturbe l'équilibre acide-alcalin. Cela entraîne des symptômes comme l'anxiété, la confusion, l'irritabilité et les vertiges. Pratiquez donc la respiration du yoga comme suit.

Une méthode populaire est la respiration Ujjayi, également connue sous le nom de respiration océanique. Pour pratiquer cette technique, inspirez profondément par le nez et expirez lentement par la bouche, en émettant un léger son "ha" à l'expiration. Une autre technique de respiration courante est la respiration Sitali, qui peut aider à rafraîchir le corps et à calmer l'esprit. Pour pratiquer la respiration Sitali, enroulez votre langue en forme de tube et inspirez lentement par la bouche. Expirez par le nez, en veillant à garder la langue dans la même position. Avec ces deux techniques, il est important de se concentrer sur la respiration et non sur d'autres pensées ou distractions.

5.   **La respiration diaphragmatique**

La respiration diaphragmatique, aussi parfois appelée respiration ventrale, est un type de respiration profonde qui est bénéfique pour la santé en général. Lorsque nous respirons de manière diaphragmatique, le muscle du diaphragme se contracte et se déplace vers le bas, ce qui entraîne une expansion de l'estomac. Ce type de respiration aide à améliorer la capacité pulmonaire et peut également contribuer à atténuer le stress et l'anxiété. Pour pratiquer la respiration diaphragmatique, commencez par vous allonger sur le dos, les genoux pliés et la main sur le ventre. Inspirez lentement par le nez, en laissant votre ventre se gonfler. Puis, expirez lentement par la bouche, en poussant tout l'air hors de vos poumons. Répétez ce processus plusieurs fois, et vous devriez commencer à vous sentir plus détendu. La respiration diaphragmatique est un moyen simple mais efficace de favoriser la relaxation et le bien-être général.

La méditation de pleine conscience

La méditation de pleine conscience est une forme de pleine conscience qui trouve son origine dans les pratiques bouddhistes. C'est une façon de prendre conscience du moment présent et de cultiver une attitude de non-jugement envers ses pensées et ses émotions. L'objectif de la méditation de pleine conscience est d'aider les gens à apprendre à contrôler leurs pensées et à concentrer leur attention sur le moment présent. Il existe de nombreuses façons de pratiquer la méditation de pleine conscience, mais les principes de base restent les mêmes. En apprenant à devenir plus conscient du moment présent, les gens peuvent apprendre à contrôler leurs pensées et leurs émotions, et finalement atteindre un état de paix intérieure.

- Concentrez-vous sur la respiration.

Soyez attentif à la sensation de l'air qui entre et sort de votre corps. Sentez votre ventre se soulever et s'abaisser lorsque l'air entre et sort de vos narines. Prêtez attention au changement de température lorsque vous inspirez et expirez. En prenant quelques instants pour vous concentrer sur votre respiration, vous pouvez vous recentrer et apporter un sentiment de calme dans l'agitation de la vie quotidienne.

- Remarquez vos pensées.

L'objectif n'est pas d'empêcher vos pensées de surgir, mais plutôt de vous sentir plus à l'aise dans le rôle de "témoin" de vos pensées. Lorsque des pensées surgissent dans votre esprit, ne les ignorez pas et ne les supprimez pas. Au contraire, observez-les simplement de façon impartiale, puis laissez-les partir. Avec de la pratique, vous découvrirez que vous pouvez rester calme et concentré même au milieu d'un esprit occupé.

- Faites une pause.

Si votre esprit commence à s'égarer dans le terrier de l'inquiétude, de la peur, de l'anxiété ou de l'espoir, observez simplement où vos pensées sont allées sans porter de jugement. Ensuite, concentrez-vous à nouveau sur votre respiration et sur le moment présent. Ne soyez pas dur envers vous-même si cela se produit ; la pratique de la pleine conscience consiste à revenir à votre respiration et à vous recentrer sur le moment présent. Avec le temps et la patience, vous parviendrez à attraper vos pensées avant qu'elles ne deviennent incontrôlables.

La méditation de pleine conscience a des effets bénéfiques sur la santé physique et mentale, en réduisant le stress et le rythme cardiaque, et en améliorant l'immunité et le sommeil. Bien que des effets plus importants soient observés avec une pratique régulière, il n'est pas nécessaire de méditer tous les jours pour constater des changements positifs. Des études ont montré que le fait de méditer seulement trois à quatre fois par semaine est très bénéfique et, selon des études de neuro-imagerie, huit semaines de méditation régulière modifient réellement le cerveau.

Le scan corporel

Le scan corporel est une pratique de pleine conscience qui consiste à se concentrer sur différentes parties du corps, des orteils au sommet de la tête. L'objectif est de prendre conscience du corps et de remarquer toutes les sensations, qu'elles soient agréables ou désagréables. L'analyse du corps peut se faire en position couchée ou assise et dure généralement une vingtaine de minutes.

Pour commencer, concentrez votre attention sur votre respiration et laissez de côté toute pensée ou préoccupation. Ensuite, très lentement et délibérément, commencez à balayer votre corps, en remarquant toutes les sensations présentes. Si vous constatez que votre esprit vagabonde, il suffit de vous concentrer à nouveau sur votre respiration. Le balayage du corps peut être un moyen efficace de réduire le stress et de prendre conscience de son corps. Il peut également être utile pour gérer la douleur ou d'autres sensations physiques.

Il existe de nombreuses techniques de relaxation que vous pouvez essayer, prenez donc le temps d'en expérimenter différents types. Il est préférable de les pratiquer plusieurs fois par semaine pendant au moins quelques minutes à chaque fois. Vous pouvez faire ces exercices tout au long de la journée, et vous arrêter si vous ressentez un quelconque inconfort. Si vous souhaitez en savoir plus sur les pratiques respiratoires, vous pouvez consulter un inhalothérapeute ou un professeur de yoga spécialisé dans les pratiques respiratoires. N'oubliez pas de parler à votre médecin si vous avez des problèmes de santé ou si vous prenez des médicaments.

Chapitre 10 : Étape 5 : Osez passer à l'action

Etre dans sa zone de confort, c'est comme être en vacances prolongées à un endroit. Les pensées, les actions et les sentiments à l'égard de la situation ou de l'expérience vous sont familiers. Lorsque vous restez dans votre zone de confort pendant de longues périodes, vous pouvez devenir complaisant et vous sentir coincé dans une ornière. Pour éviter que cela ne se produise, il est important de mélanger les choses et d'essayer de nouvelles choses de temps en temps. Cela vous aidera à rester engagé et intéressé par la vie, et à éviter de vous encroûter. Il peut être difficile de sortir d'une ornière, mais c'est tout à fait possible avec suffisamment d'efforts et de volonté. Préparez-vous à éprouver les sentiments d'anxiété et de stress qui accompagnent le fait de sortir de votre zone de confort ; c'est normal. En fait, un peu de stress peut être sain lorsque vous essayez de nouvelles choses. Veillez simplement à trouver un équilibre entre ce qui vous convient et ce qui ne vous convient pas. Si vous commencez à ressentir un excès d'anxiété, c'est peut-être le signe que vous vous surmenez. Il est important de se rappeler qu'il existe de nombreuses motivations pour sortir de sa zone de confort et s'améliorer. Avec le bon état d'esprit, tout est possible.

Sortir de sa zone de confort peut être effrayant, mais c'est aussi nécessaire pour grandir. Ce n'est qu'en vous poussant et en essayant de nouvelles choses que vous pourrez découvrir vos véritables capacités. Essayer de nouvelles choses vous aidera également à élargir votre perspective et à voir le monde sous un jour nouveau. La prochaine fois que vous aurez peur ou que vous vous sentirez incertain, rappelez-vous que sortir de votre zone de confort est un élément essentiel de votre croissance. Les échéances ont tendance à stresser les gens, mais plus vous apprendrez à les gérer, plus vous serez productif. Si vous êtes plus alerte et prêt à essayer de nouvelles choses, vous aurez plus de succès. Briser le "signe indien" signifie que vous n'êtes plus limité par votre ancienne façon de penser. Les résultats que vous obtiendrez grâce à ce nouvel état d'esprit et la façon dont vous vous sentirez seront déterminants. Apprendre à gérer les délais est une compétence essentielle pour quiconque souhaite être plus productif avec moins de stress.

Comment passer à l'action ?

Les rêves sont la base sur laquelle vous construisez votre vie. Mais si vous ne passez pas à l'action pour réaliser vos rêves, ils resteront des rêves. Il est essentiel de prendre des mesures concrètes pour atteindre vos objectifs si vous voulez les réaliser. Cela signifie avoir un plan et être cohérent dans vos efforts. Avec du temps et du dévouement, vous pouvez transformer vos rêves en réalité. Faites toutes les étapes ci-dessous.

Les rêves fournissent une carte pour nos vies. Sans rêves, nous serions des nomades numériques, défilant sans but sur Facebook et Instagram, sans jamais rien faire. Les rêves nous permettent de rester concentrés sur ce qui est important et nous aident à rester motivés même lorsque nous n'en avons pas envie.

Des recherches montrent que les personnes qui s'entraînent à la visualisation ont plus de chances d'atteindre leurs objectifs que celles qui ne le font pas. Lorsque vous pouvez voir clairement vos rêves, ils deviennent plus réels et réalisables. Alors, la prochaine fois que vous vous sentirez perdu, fermez les yeux et visualisez votre retour sur le chemin que vous êtes censé emprunter. Lorsque vous vous visualisez en train d'accomplir une tâche, vous activez en fait la même zone de votre cerveau que celle que vous utiliseriez pour accomplir cette tâche. Ainsi, si vous essayez de vous libérer d'une dépendance, par exemple, il peut être utile de vous visualiser comme étant déjà clean et sobre. Fermez les yeux et imaginez exactement à quoi ressemblera votre vie une fois que vous aurez atteint votre objectif. Soyez aussi précis que possible. Notez les détails de vos rêves sur une feuille de papier ou créez un tableau d'affichage pour vous rappeler quotidiennement ce que vous cherchez à réaliser. En visualisant votre réussite, vous augmenterez vos chances de la concrétiser.

Il peut être difficile de se concentrer sur ses rêves lorsque l'on est constamment tiré dans différentes directions. Vous ne disposez que d'une quantité limitée de temps, d'énergie et de concentration, il est donc important de choisir où vous les dépensez avec sagesse. Développer une philosophie personnelle de leadership vous permet de déterminer ce en quoi vous croyez et ce qui est important pour vous. Cela vous aidera à rester concentré sur vos objectifs et à les atteindre. Si vous opérez à partir d'une position de force, vous aurez plus de succès et serez plus respecté par les autres.

L'élaboration d'une philosophie de leadership personnelle vous permet d'être clair sur vos valeurs et de les défendre à travers vos objectifs et vos habitudes. C'est comme une déclaration de mission personnelle, qui définit vos principes directeurs et montre ce que vous valorisez et ce qui est important pour vous. Cette compréhension de vous-même vous donne la force de résister à tout ce qui vous éloigne des choses que vous rêvez d'accomplir. Votre philosophie du leadership devient une source de pouvoir, quelque chose qui renforce votre confiance et vous permet de rester fidèle à vous-même, quels que soient les obstacles qui se dressent sur votre chemin. Cultivée, elle vous permettra de toujours avoir une base sur laquelle vous appuyer, quelque chose qui vous maintiendra stable à mesure que vous avancerez sur la voie que vous avez choisie.

Il peut être difficile de répondre à de grandes questions comme "Qu'est-ce qui m'empêche d'agir". Parfois, la réponse est plus simple que nous ne le pensons. Il se peut que nous ne voulions pas vraiment atteindre l'objectif que nous avons en tête. Il s'agit peut-être de quelque chose que nous pensons devoir faire, ou de quelque chose que nous pensons devoir vouloir. Il pourrait s'agir du rêve de quelqu'un d'autre. Dans ces cas-là, il est important de pouvoir identifier nos propres motivations. Travaillons-nous à ce que nous voulons vraiment ? Ou essayons-nous de répondre aux attentes des autres ? Comment faire la différence ? Apprendre à identifier nos propres objectifs et désirs est une étape importante pour prendre le contrôle de notre vie et réussir.

Il est important de se fixer des objectifs et de faire les efforts nécessaires pour les atteindre. Les rêves seuls ne produiront pas de résultats. Vous devez utiliser les parties créative et logique de votre cerveau pour élaborer un plan et le réaliser. Si vous ne passez pas à l'action, un grand rêve peut sembler irréaliste et accablant. Ces sentiments négatifs entraînent souvent la procrastination. Prendre la décision de poursuivre vos rêves est un premier pas important vers la réussite.

Il est important de comprendre et de gérer vos émotions lorsque vous vous lancez dans un défi. Vous pouvez rencontrer des difficultés en cours de route, ce qui peut entraîner toute une série de réactions émotionnelles, comme la frustration, la tristesse ou la colère. Si vous réprimez ces émotions, cela peut entraîner des problèmes de santé physique ou des schémas autodestructeurs qui entraveront votre progression. Prenez plutôt le temps d'écouter vos émotions et de les canaliser vers des activités positives qui vous aideront à réaliser vos rêves. Par exemple, vous pouvez utiliser la musique ou la danse pour exprimer vos émotions désagréables de manière positive, ou pratiquer la méditation ou la tenue d'un journal pour vous concentrer sur ce que vous ressentez. En gérant efficacement vos émotions, vous aurez plus de chances d'atteindre vos objectifs.

Pour réussir, vous devez compter non seulement sur le talent, mais aussi sur la bonne combinaison de passion et de persévérance. Lorsque vous passez à l'action pour atteindre un objectif, le courage est ce qui vous aide à l'atteindre. Tout le monde peut développer ce type de résilience et cultiver la force mentale, un outil puissant pour atteindre vos objectifs. Cultivez donc le courage, car il faut une combinaison de facteurs pour réussir, et pas seulement du talent. Et n'oubliez pas que les personnes très performantes ont le courage d'affronter les obstacles et de continuer à avancer en surmontant les difficultés. Ne laissez donc rien se mettre en travers de votre chemin vers le succès.

L'environnement dont vous vous entourez peut avoir un impact important sur votre réussite. Si vous êtes constamment entouré de personnes négatives, il peut être difficile de rester positif et motivé. L'action est également importante - être dans un environnement qui vous incite à agir peut vous aider à rester sur la bonne voie. Enfin, les relations de soutien sont essentielles. Lorsque les choses se compliquent, il est utile de pouvoir parler à des personnes qui comprennent et soutiennent vos objectifs. En apportant quelques changements à votre environnement, vous pouvez vous mettre sur la voie du succès.

Enfin, n'attendez pas le succès trop tôt. Il est facile de se décourager si vous ne voyez pas de progrès tout de suite, mais n'oubliez pas qu'il faut du temps pour atteindre des objectifs importants. Surmontez les baisses de motivation et continuez même si vous vous heurtez à un obstacle. N'oubliez pas que si vous travaillez dur, vous finirez par voir vos efforts récompensés. Restez positif et croyez en vous - vous pouvez vaincre cette dépendance émotionnelle !

PARTIE IV : UNE NOUVELLE VIE VERTUEUSE

Chapitre 11 : Aujourd'hui, tous les voyants sont au vert

Je vis maintenant avec optimisme et espoir pour l'avenir.

J'ai réussi à adopter à nouveau les habitudes et les comportements de mon enfance heureuse. Ce n'est qu'à mon avantage. Ma nouvelle vie est caractérisée par la confiance dans la réussite et une vision positive. Je crois toujours que de bonnes choses vont arriver, ce qui m'apporte de nombreux avantages, notamment de meilleures capacités d'adaptation, des niveaux de stress moins élevés, une meilleure santé physique et une plus grande persistance dans la poursuite des objectifs. J'ai maintenant tendance à considérer les difficultés comme des expériences d'apprentissage ou des revers temporaires. Même la journée la plus misérable me fait sentir que "demain sera probablement meilleur". En conséquence, j'ai toujours l'impression d'avoir plus d'événements positifs dans ma vie que les autres, moins de stress et même une meilleure santé. Ma vie est donc paisible. Mon seul désir est de remplir ma vie de tranquillité et de bonté. Parfois, les gens essaient de rendre leur vie plus paisible en achetant des accessoires coûteux comme des yachts. Cependant, je n'ai pas besoin de ce genre de choses pour déterminer comment vivre une vie paisible. Ce qui apporte vraiment la paix dans ma vie, ce sont les choses et les moments simples.

Je me permets d'entendre des critiques constructives, mais je bloque la négativité. Pour avoir une vie simple et paisible, j'ai dû apprendre à bloquer la négativité. Quoi que je fasse, il y aura toujours quelqu'un qui aura quelque chose de négatif à dire sur moi. Je dois simplement me concentrer sur la gestion de mes propres affaires. Je n'ai pas besoin des paroles de quelqu'un qui ne connaît pas ma vie, car tant que je ne marche pas sur quelqu'un d'autre, je n'ai pas besoin de cette aura négative. Cela me rend plus patient dans tous les aspects de ma vie. La patience me donne le temps de réfléchir aux choses et, surtout, elle m'aide à mettre les choses en perspective. Si je me laisse aller à la colère, je me nourris de négativité tous les jours. Même si les choses ne se sont pas déroulées comme je le souhaitais, je reste patient en sachant que je ne peux pas tout contrôler. Si l'un de mes proches passe une journée difficile, j'essaie également d'être patiente avec lui. La vie est pleine de défis, et nous avons tous des façons différentes de les relever. En restant patiente, je peux mieux profiter des bons moments et affronter les moments difficiles de manière plus constructive.

Je pratique la gratitude et l'acceptation de soi car l'état d'esprit d'une personne heureuse joue un rôle important dans la vie quotidienne. Si les émotions malheureuses sont parfois une réaction raisonnable à un événement, le fait de ressasser le malheur et la colère ne fait qu'aggraver la situation. J'essaie d'aborder chaque jour avec un sentiment de gratitude et d'acceptation de soi. Si quelque chose me dérange, que puis-je faire pour l'améliorer ? La pratique de la gratitude et de l'acceptation de soi m'aide à vivre une vie plus paisible. J'ai des domaines à améliorer dans ma vie sur lesquels je veux travailler parce que je sais que c'est noble. Lorsque je fais une erreur, je m'excuse sincèrement sans me sentir coupable. Au contraire, j'apprends de mes erreurs pour ne pas les répéter. J'ai confiance en ma capacité à surmonter les situations difficiles parce que je sais que je peux compter sur moi-même.

La pleine conscience est une pratique qui permet à un individu de se concentrer sur sa respiration et sa méditation afin de trouver la tranquillité dans sa vie quotidienne. Il est souvent difficile de trouver la paix dans l'agitation des responsabilités quotidiennes, mais il est essentiel de le faire pour mener une vie heureuse. En prenant simplement quelques minutes par jour pour respirer profondément ou méditer, vous pouvez intégrer la pleine conscience dans votre routine quotidienne. Apprendre à être attentif peut être incroyablement gratifiant et procurer un sentiment de calme, même dans les journées les plus chaotiques.

Je coupe les liens avec les personnes toxiques dans ma vie en bloquant la négativité. Vous avez peut-être du mal à identifier les personnes toxiques dans votre vie, mais sachez que n'importe qui peut être une personne toxique tant que cette personne ne vous apporte que de la tristesse et diminue votre estime de soi. Toute personne qui agit ainsi n'est rien d'autre qu'une personne toxique. Les personnes toxiques qui essaient de vous rabaisser ne méritent pas votre temps. Elles ne croient pas en vous et vous critiquent pour les plus petites choses. Elles veulent que vous restiez petit pour pouvoir se sentir mieux dans leur peau. Montrez la porte à ces personnes toxiques et soyez assez fort pour les affronter seul. Vous n'avez pas besoin d'elles dans votre vie ! C'est ma nouvelle philosophie de vie. Jusqu'à présent, ça marche plutôt bien pour moi.

Je choisis la gentillesse car il est toujours important d'être gentil, quelle que soit la personne. Être gentil crée la paix et ne cause jamais de problèmes. Je suis gentille avec les étrangers, même s'ils sont méchants avec moi, parce qu'ils traversent peut-être une période difficile. Je suis également gentille avec les gens que je connais, même s'ils ne sont pas gentils avec moi, car ils finiront par prendre note de mes actions. Dans un monde cruel et sombre, il est important de toujours choisir la gentillesse. Il est important d'être positif et de faire de bonnes actions si vous voulez avoir une vie simple et paisible. Les bonnes actions permettent de rester optimiste et de contrer les aspects négatifs de la vie. En faisant une bonne action chaque jour, vous pouvez éloigner la négativité et rendre votre vie plus satisfaisante. La vie est pleine de mauvaises choses qui compliquent la vie des gens, il est donc important de faire sa part pour rendre le monde meilleur en faisant de bonnes actions.

J'ai appris que pour vivre une vie simple et paisible, je ne pouvais pas être matérialiste. Il n'a pas été facile d'arrêter d'être matérialiste, mais j'y suis parvenue, par exemple en n'achetant pas un smartphone tout neuf juste parce que les personnes que j'aime l'ont. J'ai également arrêté de prendre des vacances chaque semaine et de les poster sur les médias sociaux juste parce que les autres le font. Au lieu de m'habiller avec des vêtements coûteux pour être bien, je me suis concentrée sur le fait d'être heureuse pendant un certain temps. Ce changement m'a permis de me sentir plus épanouie et satisfaite. L'une des façons de mener une existence plus tranquille est de s'entourer de moins de biens matériels. En réduisant vos possessions, vous pouvez mener une vie plus simple, moins stressante et plus paisible.

Pour vivre une vie simple et paisible, il est essentiel de se connaître et de s'aimer soi-même. Si vous ne vous connaissez pas et ne vous aimez pas, vous continuerez à vivre votre vie sans aucune compréhension de votre véritable identité. Cela vous conduira à remplir le trou vide à l'intérieur de vous avec des choses autres que l'amour de soi. Il est donc important de vous poser des questions et d'apprendre à connaître vos faiblesses et vos forces.

Bien qu'il puisse être difficile de se confronter à certains aspects de sa personnalité, cela en vaut la peine à long terme pour avoir une vie calme et heureuse. Le monde trépidant et compliqué qui vous entoure n'a pas à vous dicter la vie que vous menez. Vous avez le pouvoir de choisir la paix et la simplicité en écoutant votre cœur. Les autres personnes essaieront toujours de vous dominer et de vous contrôler, mais si vous restez fidèle à vous-même, vous serez en mesure de mener une vie épanouissante et exactement ce que vous voulez qu'elle soit. Faites-vous confiance et faites confiance à vos instincts au lieu de suivre la foule - c'est la seule façon de garantir que vous vous retrouverez exactement là où vous voulez être. Il est important de toujours suivre son cœur et de faire ce que l'on pense être le mieux pour soi. Vous ferez des erreurs en faisant cela, mais cela fait partie de la vie. Ce qui importe le plus, c'est que vous sachiez vous relever et apprendre de ces erreurs. L'expérience sera votre meilleur professeur dans cette situation.

Les gens essaieront toujours de vous dire comment vivre, mais c'est à vous de décider à quoi cela ressemble. Une vie simple et paisible est possible, même si elle n'est pas facile. Nous avons tendance à rendre les choses plus compliquées qu'elles ne doivent l'être. N'ayez pas peur de la simplicité. Oubliez le doute et la négativité pour mener une vie paisible et réussie. La paix commence par les pensées, donc si vous voulez connaître la paix, commencez par avoir des pensées pacifiques. Peu importe à quel point vous êtes perturbé ou distrait, il est possible de créer des pensées paisibles. Tout comme nous devons recharger nos téléphones portables et autres gadgets après les avoir utilisés, notre esprit a également besoin d'être rechargé pour fonctionner de manière optimale. Plus nous le faisons fréquemment et régulièrement, meilleure sera notre qualité de vie. En prenant le temps de recharger notre esprit, nous pouvons améliorer notre qualité de vie globale.

De nos jours, tout le monde semble suivre la foule sans penser par soi-même. C'est à nous de choisir si nous voulons nous fondre dans la masse et vivre une vie insignifiante ou faire un choix plus sage et vivre une vie paisible. Vous pouvez recharger vos batteries intérieures et embellir votre vie en prenant les choses un jour après l'autre. Une vie paisible s'offre à vous lorsque vous vous débarrassez de votre ego et de vos désirs et que vous vous visualisez comme un être paisible. Si nous voyons notre vie comme une série d'expériences, nous comprendrons mieux l'importance de nos pensées et de nos émotions qui façonnent ces expériences d'un jour à l'autre. Il y a tellement de choses qui se passent chaque jour, certaines nouvelles et d'autres que nous avons déjà vécues. Si nous pouvons prendre quelques minutes par jour pour nous détendre et rester tranquilles, nous nous sentirons bien, quoi qu'il se passe autour de nous. C'est un excellent moyen de prendre du recul par rapport à tout et d'avoir du temps pour soi.

Un esprit paisible est un esprit clair. Lorsque nous sommes libérés des turbulences des émotions négatives, nous pouvons penser plus clairement et prendre des décisions plus sages sur différents aspects de notre vie. Par exemple, nous pouvons développer des relations plus saines grâce à un esprit stable et paisible. En fait, tous les domaines de notre vie bénéficient du fait que nous passons du temps seuls dans le calme et la tranquillité.

Lorsque nous sommes contenus, calmes et paisibles, nous pouvons donner le meilleur de nous-mêmes dans tout ce que nous faisons car notre esprit a le pouvoir de se concentrer avec dévouement.

Chapitre 12 : Un équilibre enfin trouvé !

Après le décès de mes parents, il m'a fallu beaucoup de détermination et de force pour faire mon deuil et aller de l'avant. Mais aujourd'hui, je suis mariée et j'ai des relations qui reposent sur l'équilibre. Chaque jour, je m'efforce de maintenir une communication saine, la confiance, l'attention et le plaisir dans mon mariage. Même si c'est parfois difficile, je sais qu'il est important de considérer les sentiments et les besoins des autres comme aussi importants que les miens. Le cliché "traitez les autres comme vous aimeriez qu'ils vous traitent" est pour moi une façon simple de comprendre les interactions saines.

Lorsque je respecte l'autre personne et qu'elle me respecte, je suis sur la bonne voie pour réunir plusieurs des aspects qui constituent ma définition d'une relation saine, comme la conscience des limites, la communication constructive, l'honnêteté et la compassion. Une relation saine est impossible sans respect. La sûreté et la sécurité sont essentielles à une relation amoureuse saine. Cela signifie que les deux personnes impliquées doivent se sentir physiquement et émotionnellement en sécurité. L'autonomie est la liberté par rapport à un contrôle ou à une influence extérieure, et c'est un élément important de ma relation. Lorsque je suis autonome, je prends soin de moi et je fixe des limites avec les personnes qui font partie de ma vie.

Personne n'a le droit de contrôler ma vie ou de me forcer à faire quoi que ce soit pour lui. Je fais confiance à quelqu'un lorsque je me sens en sécurité et respecté dans la relation. La confiance, c'est savoir que l'autre personne est honnête et se soucie de moi en tant que personne. La confiance, c'est aussi donner et recevoir le bénéfice du doute. Elle est basée sur le respect, la sécurité et l'honnêteté.

La capacité à communiquer ouvertement, honnêtement et de manière constructive est cruciale pour une relation saine. Nous devons nous sentir en sécurité pour communiquer nos pensées, nos sentiments et nos besoins à notre partenaire, et de la même façon, lui à nous. Bien qu'il soit normal de ressentir de la colère ou de la frustration dans une relation de temps en temps, il est essentiel de pouvoir parler des conflits et de les résoudre sans recourir à la violence. Une communication saine implique de discuter des problèmes en toute franchise, mais aussi avec respect, empathie et attention. La communication assertive est directe mais constructive, tandis que la communication agressive est également directe mais hostile et destructrice. Vous pouvez faire la différence en observant comment votre partenaire vous parle en ligne et en personne. Si sa façon de communiquer est dévalorisante, agressive ou manipulatrice, il est probable qu'il ou elle utilise la communication agressive. Une communication saine, en revanche, consiste à expliquer les problèmes honnêtement, de manière respectueuse, diplomatique et attentionnée. Si vous souhaitez encourager une communication saine dans votre relation, veillez à adopter vous-même ce type de comportement.

Avoir des relations saines a certainement eu un impact sur mon bonheur et mon bien-être général. Avant, je me mettais beaucoup de pression sur moi-même et sur les autres pour satisfaire tous mes besoins, mais j'ai appris qu'il est important d'avoir un équilibre dans ma vie. Je prends soin de moi et j'essaie de comprendre les limites des autres. En conséquence, mes relations sont plus satisfaisantes et moins stressantes. Je suis également plus encline à prendre soin de ma santé physique lorsque j'ai des personnes qui me soutiennent dans ma vie. Tout compte fait, le fait d'entretenir des relations saines a fait de moi une personne plus heureuse et en meilleure santé. Être soi-même est la meilleure façon d'être, car c'est plus amusant et plus authentique. Lorsque nous sommes nous-mêmes, nous avons plus de chances de nouer des relations saines. En effet, les relations saines sont fondées sur la confiance et le respect mutuel. Lorsque nous sommes nous-mêmes, nous avons également plus de chances de nous amuser. En effet, nous ne prétendons pas être quelque chose ou quelqu'un d'autre. Le plaisir est un ingrédient essentiel de toute relation, car il crée un sentiment de joie, de bonheur et d'unité. Les relations saines me font me sentir heureuse, désirée, appréciée et bien dans ma peau.

CONCLUSION

En définitive, la dépendance émotionnelle n'est pas souhaitable dans les relations. Compter sur son partenaire pour être heureux est malsain et peut mener à la codépendance. Si le soutien émotionnel est bénéfique, il ne doit pas se transformer en dépendance émotionnelle. Les bonnes relations ont le potentiel de vous rendre plus fort, mais vous devez savoir comment les aborder afin de devenir mentalement plus fort. Apprendre à gérer les émotions difficiles sans dépendre de quelqu'un d'autre est crucial pour maintenir une relation saine. La dépendance émotionnelle est un état débilitant dans lequel une personne est incapable de contrôler ses émotions et s'en remet à une autre personne pour la rendre heureuse. Cela peut entraîner une série de sentiments négatifs tels que le chagrin, l'inquiétude, l'anxiété, la dépression et le désespoir. Dans certains cas, la dépendance est si grave que la personne se sent impuissante à changer son état émotionnel sans aide.

Il est normal de se sentir dépendant de sa moitié dans une certaine mesure. Cependant, lorsque votre bonheur dépend de ses sentiments, cela peut devenir déséquilibré et malsain. Il est donc essentiel que votre partenaire vous apporte le soutien nécessaire chaque fois que vous en avez besoin. Sinon, cela peut devenir paralysant. Affronter la vérité sur vos dépendances affectives peut être difficile et douloureux, mais il est également exaltant de trouver une force intérieure qui vous permet d'être plus indépendant. Ce voyage vers l'indépendance peut être parfois désagréable, mais il vous mènera finalement à une vie plus épanouie et plus heureuse.

La première étape vers la véritable liberté consiste à prendre conscience de ce qui vous retient. Ce n'est qu'alors que vous pourrez vous engager sur la voie du bonheur authentique et de la paix intérieure. L'une des façons d'y parvenir est de s'accepter et de se motiver. N'oubliez pas que vous avez des qualités exceptionnelles qui vous rendent spécial et qui méritent d'être célébrées. Applaudir vos qualités, vos capacités et vos compétences contribue à renforcer votre estime de soi. Enfin, n'oubliez pas d'exprimer votre gratitude pour les choses merveilleuses de votre vie. Une attitude positive est très utile. Afin de briser la boucle des schémas répétitifs autodestructeurs, il est important de déterminer la cause profonde de la dépendance émotionnelle. L'introspection et la conscience de soi vous aideront à identifier ces déclencheurs spécifiques. Peut-être vous sentez-vous peu sûr de vous, possessif, anxieux, avez-vous une faible estime de vous-même ou avez-vous vécu des expériences désagréables dans des relations antérieures. En identifiant la cause profonde de la dépendance affective, vous pouvez commencer à briser le cycle des schémas autodestructeurs.

Il est parfois difficile de savoir si vous êtes dans une relation toxique. Vous pouvez y rester par peur du jugement ou parce que vous ne voulez pas être seul. Mais si vous vous sentez insatisfait et vide, il est peut-être temps de repenser votre relation. Il est difficile de laisser partir quelque chose (ou quelqu'un) dans lequel on s'est tant investi, mais c'est parfois mieux ainsi. Votre santé mentale doit toujours être une priorité. Si vous n'êtes pas heureux, prenez la décision de mettre fin à la relation et de prendre un nouveau départ. Vous méritez d'être heureux et en bonne santé, par-dessus tout. Si vous et votre partenaire êtes prêts à y consacrer du temps et des efforts, vous pouvez surmonter les difficultés et réparer une relation brisée. Cependant, il est important de prendre soin de vous également. Identifiez vos besoins émotionnels et déterminez ceux que vous comptez sur les autres pour satisfaire. Il n'est pas juste d'attendre de l'autre personne qu'elle réponde toujours à vos besoins - et si elle ne peut pas ou ne veut pas le faire ? Dans ce cas, vous finirez par vous sentir frustré et déçu. Essayez plutôt de trouver des moyens de satisfaire vos besoins émotionnels sans dépendre des autres.

Enfin, recherchez le respect, pas l'attention. Trop souvent, nous avons besoin d'attention et nous nous battons toujours pour avoir la priorité dans la vie de notre partenaire. Attirer l'attention de quelqu'un peut apporter un bonheur temporaire, mais le respect a une durée de vie plus longue. Une fois que nous avons gagné le respect et que nous n'avons plus besoin de plaire aux gens, nous devenons émotionnellement plus forts. Par conséquent, rechercher le respect plutôt que l'attention est une façon plus productive de faire les choses. Il est essentiel de maintenir un équilibre sain entre nous-mêmes et nos relations en ne s'attachant pas trop aux gens. Nous pouvons renforcer notre estime de soi en ne recherchant pas de validation extérieure. Bien que cela puisse être difficile, surmonter la dépendance affective peut être très gratifiant. Pour réussir, nous devons avoir conscience de nous-mêmes et nous accepter. Ces qualités renforceront notre confiance et notre richesse intérieure. Nous méritons la paix de l'esprit et le bonheur.

Orioniss Edition
Imprimé par Amazon

www.ingramcontent.com/pod-product-compliance
Lightning Source LLC
Chambersburg PA
CBHW061703250726

48657CB00002B/513